AG SPAK M 100

Henning Schmidt-Semisch

Drogenpolitik
Zur Entkriminalisierung und Legalisierung von Heroin

Mit einem Vorwort des
Hamburger Drogenbeauftragten
Horst Bossong

Impressum:

© beim Autor

© für das Vorwort: Horst Bossong

1. Auflage 1990

Umschlaggestaltung:	Stephan von Borstel
Satz:	Thomas Bacher
	Schreibbüro Scheiblhuber
Druck:	Erwin Lokay, Reinheim
Erscheinungsort:	München

Dieser Band erscheint als M 100 in der Reihe
MATERIALIEN DER AG SPAK
bei AG SPAK Publikationen
(Träger: Verein zur Förderung der sozialpolitischen Arbeit e.V.)

Vertrieb:	AG SPAK Publikationen
	Adlzreiterstraße 23
	8000 München 2
Berlin:	Aurora
	Knobelsdorffstraße 8
	1000 Berlin 19
sowie für:	Österreich: Winter OHG, Wien
	Schweiz: Riklin & Candinas, Bern

CIP Titelaufnahme der Deutschen Bibliothek

Schmidt-Semisch, Henning:
Drogenpolitik: zur Entkriminalisierung und Legalisierung von
Heroin / Henning Schmidt-Semisch. Mit e. Vorw. d.
Hamburger Drogenbeauftragten Horst Bossong. - München:
AG-SPAK-Publ., 1990
  (Materialien der AG SPAK ; M 100) (AG SPAK Bücher)
  ISBN 3-923126-67-0
NE: Arbeitsgemeinschaft sozialpolitischer Arbeitskreise: Materialien der
AG ...

Vorbemerkung

Gedankt sei an dieser Stelle der *Johanna und Fritz Buch Gedächtnisstiftung*, durch deren großzügige finanzielle Unterstützung diese Veröffentlichung erst ermöglicht wurde. Weiterhin danke ich allen denen, die mit mir über meine Thesen und Argumente diskutiert und gestritten haben, hierbei vor allem Martina Althoff für die stets konstruktive und kritische Begleitung der nachfolgenden Ausführungen. Teile des Manuskripts sind in veränderter Form erschienen im Kriminologischen Journal 2/1990 (22).

Hamburg, im Juni 1990

Henning Schmidt-Semisch

Horst Bossong

Vorwort

Die aktuelle Situation im Drogensektor läßt sich unter verschiedenen Aspekten als krisenhaft beschreiben. Einerseits ist unverkennbar, daß - allen Bekämpfungsstrategien zum Trotz - immer mehr Drogen auf dem Markt im Umlauf sind und ihre Abnehmer finden; andererseits ist ebenso augenfällig, daß - nicht zuletzt seit AIDS - sich die Lebenssituation vieler Drogenabhängiger krisenhaft zuspitzt und die Zahl der Opfer dramatisch steigt. Schließlich läßt sich die Krise aber auch als eine des Drogenpolitiksystems beschreiben - Schmidt-Semisch spricht zurückhaltender vom "Drogenpolitikproblem"-, demzufolge es bislang nicht gelingen wollte, mit den zwei divergierenden Strategien der strafrechtlichen Ächtung und der therapeutischen Hilfe dem Drogen- und Suchtproblem in der Gesellschaft Herr zu werden. Es sind nicht nur die intendierten Ziele der Drogenpolitik nicht erreicht - und nach allem Anschein auch künftig nicht erreichbar -, sondern vor allem haben die latenten Nebenfolgen dieser Politik die manifesten Ziele in einer Weise überwuchert, daß sich nunmehr diese selbst in wachsendem Maße als reale Bedrohung der Lebensqualität und -sicherheit vieler Bürger manifestieren. Erst dies läßt die Drogenpolitik als krisenhaft erscheinen.

Eigentums- und ähnliche Delikte, die als Beschaffungs- bzw. Begleitkriminalität der Drogensucht zugerechnet werden; Probleme eines offenbar wachsenden Minderjährigen-Prostitutionsmarktes, den wir weitgehend ohne Thematisierung der Nachfrageseite unter dem Stichwort "Beschaffungsprostitution" skandalisieren, wobei uns neuerlich die AIDS-Problematik ein scheinbar jenseits kleinkarierter Moralismen liegendes Einfallstor bietet; schließlich die Störung der öffentlichen Ordnung durch chronifizierte Süchtige, die im Straßenbild und auf öffentlichen Plätzen herumstehen - dies alles ist die eine Seite der insbesondere von den Medien kolportierten "Bedrohung".
Auf der anderen Seite sind es die exorbitant steigenden Lasten der öffentlichen Haushalte und der sozialen Sicherungssysteme, sowie die Schwierigkeiten, die Justiz, Medizin und Sozialpädagogik mit dem doppelten Problem von Sucht und Kriminalität haben. Es zeigt sich,

daß sich der Staat mit seiner Drogenpolitik der letzten zwei Jahrzehnte hoffnungslos übernommen hat. Unter dem Eindruck der öffentlichen Panik der frühen 70er Jahre hatte er Zuständigkeiten reklamiert, von denen sich mehr und mehr herausstellte, daß ihm die Instrumente zu erfolgversprechendem Agieren und zu wirksamer Steuerung nur sehr begrenzt zur Verfügung stehen. Sucht und /als Kriminalität können weder mit Strafe und Strafdrohung, noch mit einem Behandlungssystem, das seinerseits von strafrechtstypischen Strukturprinzipien durchsetzt und außerhalb des gegliederten Systems der gesundheitlichen Versorgung angesiedelt ist, bewältigt werden. Die in den 70er Jahren heftig geschürten Hoffnungen, "der Staat werde es schon richten", trogen, und die Argumentationsfigur "Drogen- bzw. Drogenbegleitprobleme", mit der alle mögliche Unbill erklärbar zu sein schien, befriedigte zusehends weniger das Publikum - Abhilfe, nicht weitschweifige Erklärung wird verlangt.

Das Ziel aller bisherigen Drogenpolitik, die Totalabstinenz, hat die Bemühungen um einen rationalen und problemangemessenen Umgang mit dem Drogenproblem unterlaufen. Es führte in eine Dramatisierung und Vereinseitigung, bei der es schließlich nur noch um symbolisches, nicht mehr um problemlösungsbezogenes Agieren geht. Allerdings verpufft Symbolik in ihrer Wirkung, wenn sie in einen allzu eklatanten Widerspruch zu den realen Lebenslagen, den Bedürfnissen, Informationszugewinnen und Erkenntnisprozessen der Gesellschaftsmitglieder gerät. Die Folge ist eine Krise der Glaubwürdigkeit des politisch-administrativen Handelns. Krisen erfordern ein rasches und überzeugendes Management; sie sind aber auch Phasen mit erhöhten Lernchancen.

Entkriminalisierung bzw. (weitergehend) Legalisierung ist eine der möglichen, allerdings zweifellos die weitestgehendste Antwort auf die Krise der Drogenpolitik. Historisch gesehen spricht einiges für sie. Denn die meisten der in der Geschichte zeitweilig pönalisierten Drogen wurden im Verlauf der gesellschaftlichen Auseinandersetzung um ihren Nutz und Schaden entpönalisiert und integriert, auch wenn es durchaus nicht zur Eliminierung sämtlicher mit dem Konsum einhergehender Probleme führte.

Allerdings spielten in den Prozessen der Entpönalisierung in der Regel die gesundheits- und sozialpolitischen Gesichtspunkte eine eher marginale Rolle, sie waren eher Vehikel für die Integration. Eine bahnbrechende Bedeutung kam vor allem wirtschaftlichen Kalkülen zu; moralisches Unternehmertum hat indes zumeist diese Aspekte ideologisch überwuchert.

Eine ähnliche Konfiguration läßt sich auch umgekehrt für den Prozeß der weltweiten Ächtung und Illegalisierung der heute verbotenen Drogen konstatieren. Auch hier ging es zentral um wirtschaftspolitische Interessen, die wiederum von bürgerlichen Abstinenzbewegungen moralisch flankiert und zur Durchsetzung eigener Ziele instrumentalisiert wurden.

Seither durchzieht zu einem Gutteil Moralismus die Drogen- und Suchtbekämpfung bis auf den heutigen Tag. Gerade dies freilich erlaubt auf breiter Front den Verzicht auf rationale Befassung mit dem Drogenthema; Moral hat eben immer schon das Recht auf ihrer Seite.

Gerade dies macht die Arbeit von Henning Schmidt-Semisch so wichtig; statt moralisierender Appelle geht es um die wissenschaftliche Durchdringung des Themas. Daß hierbei am Ende für den Leser mehr Fragen offen als schlüssige Antworten bleiben, liegt vor allem daran, daß das Terrain, auf dem sich Autor wie Leser bewegen, terra incognita ist - kein Mensch weiß, was passiert, wenn wir die Drogen freigeben. Wohl aber wissen wir heute, was passiert ist, seit wir die Drogen geächtet, die Konsumenten kriminalisiert und sie und ihre Angehörigen und Freunde in Elend und Verzweiflung gestürzt haben.

Man muß nicht notwendig den Thesen von Schmidt-Semisch uneingeschränkt folgen, aber was man wohl muß, ist, sich mit der Thematik gründlich auseinandersetzen, statt sie zu tabuisieren und moralisierend abzuwehren.

So wird man mit Blick auf die amerikanische Diskussion z.B. näher fragen wollen, wie weit denn die These der Enkulturation trägt und mit welchem Typus von Konsumenten hier gerechnet wird; auch: welcher Kulturbegriff der Legalisierungsoption zugrunde liegt. Ebenso wird man das "Freiheitsargument" en detail beleuchten wollen, auch und gerade weil es vor dem Hintergrund der vergangenen Drogen-politik kaum hoch genug anzusiedeln ist. Muß es konsequenterweise dazu führen, daß der gesamte Drogenverkehr dem Markt und seinen Nachfrage erzeugenden Mechanismen überlassen wird? Wie ließe sich sozial und gesundheitspolitisch flankiertes Marktgeschehen mit der Figur der bürgerlichen Freiheit in Deckung bringen? Wie weit trüge das Lebensmittelrecht, wenn es darum geht, risikoarme Stoffzusammensetzungen auf dem Markt zuzulassen, hingegen hochkonzentrierte und riskante Produkte vom Markt zu verbannen? Was wäre hier aus der skandinavischen Alkoholpolitik zu lernen? An welchen Punkten könnte das Arzneimittelrecht steuernd fungieren? Wie ließe sich eine sachgerechte und vernünftige Aufklärung statt aggressiver und verdummender Produktwerbung implementieren? Kurzum: Welche Instrumente sollten dem Staat auch und gerade unter Bedingungen der Freigabe verbleiben, und wo sind die Grenzen zu ziehen hin zu wiederum bevormundenden Staatsinterventionen?

Ich will diese und weitere Fragen, die sich mir stellten, offen lassen, zumal es gegenwärtig nicht schon darum gehen kann, "fertige" Antworten parat zu haben, sondern Anstöße zum Nachdenken und Nachfragen zu geben. Statt dessen seien kurz die Hamburger Vorstöße in Richtung auf Entkriminalisierung - die freilich viel vorsichtiger sind als die in diesem Buch vorgestellten - skizziert.

Der Senat der Hansestadt hat mit seinem Drogenhilfeplan 1989/90 und dem Konzept zur Drogenbekämpfung, das im Januar 1990 in der Bürgerschaft verabschiedet wurde, einen behutsamen Weg aus dem "Drogenelend" (Quensel) beschrieben.
Er sieht zunächst eine deutliche Diversifikation des Drogenhilfeangebots vor (z.B. stationäre Kurzzeitbehandlung, therapeutische Außenwohngruppen, ambulante Therapien, Substitutionsangebote, niedrigschwellige suchtbegleitende Hilfen), sowie die Integration des Behandlungssystems in das Regelleistungssystem der gesundheitlichen Versorgung. Damit zielt Hamburg auf eine weitgehende Normalisierung der Drogensuchtbehandlung: statt staatlich fixierter und stets knapp bemessener Behandlungsgänge, dessen erste Schleuse bereits die Stellen- und Mittelzuweisung aus dem öffentlichen Haushalt ist, soll dem Süchtigen ein bedarfsgerechtes Spektrum an selbstverständlichen Behandlungsformen bereitstehen, wie es das geglieder-

te Gesundheitssystem für jeden Kranken in der Gesellschaft sicherzustellen hat.

Mit der Integration der Methadon-Substitution in dieses Regelleistungssystem hat Hamburg in besonderer Weise Neuland betreten. Einmal deshalb, weil damit jedem Süchtigen, der die (betäubungsmittelrechtlichen) Voraussetzungen erfüllt, diese Behandlungsform offensteht, zum anderen, weil damit eine über Jahre ausgegrenzte und geächtete Behandlungsform nunmehr in den Leistungskatalog der gesetzlichen Krankenversicherer etabliert werden konnte.

Damit die Methadon-Substitution praktikabel wird, hat Hamburg im Deutschen Bundesrat eine Änderungsinitiative zum § 13, 1 BtmG eingebracht, mit der klargestellt wird, daß die ärztlich durchgeführte Substitutionsbehandlung zulässig ist. Zugleich hat Hamburg einen Entschließungsantrag zur Änderung der Betäubungsmittelverschreibungsverordnung (BtMVV) eingebracht mit dem Ziel, daß substituierende Ärzte eine bessere Vorratshaltung mit Methadon praktizieren können, daß sie mehr Methadon als bisher (nämlich entsprechend dem Bedarf des Patienten) verschreiben können und daß die Methadonabgabe an Wochenenden auch außerhalb der Arztpraxen möglich ist. Beide Initiativen haben inzwischen im Bundesrat eine Mehrheit gefunden und liegen nun Bundestag und Bundesregierung zur Befassung vor.

Überdies hat ein gemeinsamer Gesetzesantrag von Hamburg und dem Saarland eine Mehrheit im Bundesrat gefunden, demzufolge Drogenberatern ein Zeugnisverweigerungsrecht zugebilligt werden soll, um das nötige Vertrauensverhältnis zwischen ihnen und ihren Klienten in angemessener Weise zu schützen.

Mit dem "Konzept zur Drogenbekämpfung" sind weitere Schritte unternommen worden, die Situation der Drogenabhängigen zu verbessern. So soll z.B. der Staatsanwaltschaft die Möglichkeit eröffnet werden, bei konsumbezogenen Bagatelldelikten von einer Strafverfolgung absehen zu können. Des weiteren fanden Gesetzesinitiativen die Zustimmung des Bundesrates, die auf eine Erweiterung der Möglichkeiten des Absehens von Strafe bzw. der Zurückstellung der Strafvollstreckung bei Drogenabhängigen zielen. Insbesondere muß die nach § 36f. BtmG vorgesehene Suchtbehandlung nicht mehr wie bislang 'die freie Gestaltung der Lebensführung' des Klienten beschränken, wodurch künftig auch ambulante drogenfreie wie Substitutionsbehandlungen als "Strafersatz" in Frage kommen. Auch entfällt künftig - sofern der Bundestag den Anträgen zustimmt - der "Automatismus", mit dem die Zurückstellung der Strafe widerrufen wurde, wenn sich der Abhängige nicht sofort in Behandlung begab bzw. diese abbrach. Damit wird der Erkenntnis Rechnung getragen, daß der Weg aus der Drogenabhängigkeit in der Regel nicht geradlinig, sondern eher "stolpernd" verläuft.

Sind dies nun, wie vielleicht manch einer einwenden mag, nur allzu kleine Schritte gemessen an dem "großen Wurf", der in dem vorliegenden Buch durchscheint? Müßte man nicht viel mehr, viel schneller, viel radikaler...? Ist es gar eine "positive Reform" im Sinne Mathiesens, die im Grunde nur ein marodes System kittet und im Bestand sichert?

Politik ist ein Geschäft, das auf Konsens und Mehrheiten schielt; vielleicht oft stärker als nötig. Aber Politik muß ihre Entscheidungen so auslegen, daß sie vom Publikum nachvollzogen und wenn möglich aktiv mitgetragen werden können. Mit Blick auf die Drogenproblematik ist dies vor allem deshalb wichtig, weil zur formellen Entkriminalisierung die von einer breiten Mehrheit getragene Entdiskriminierung der Süchtigen, zur Freigabe der Drogen ein gesundheitsschonender und vernunftgeleiteter Umgang mit Betäubungsmitteln zu treten hat. Dies läßt sich nicht allein administrativ verordnen, sondern ist ein gesellschaftlicher Lernprozeß, der langfristig angelegt ist. Politik hat deshalb - gerade in Ansehung ihrer gesundheitspolitischen Verantwortung - behutsam vorzugehen. Die Hamburger Gesetzesinitiativen werden dieser Verantwortung gerecht; sie fußen auf dem Konzept der Schadensbegrenzung, das gegenüber dem apodiktischen Abstinenzkonzept früherer Drogenpolitik heute Vorrang genießt. In dem Entwurf zum Landesprogramm "Drogen", das auf dem Konzept zur Drogenbekämpfung und dem Drogenhilfeplan 1989/90 aufbaut, heißt es hierzu: "Von zentraler Bedeutung ist, daß die Abhängigen durch entsprechende Angebote die Phase ihrer aktiven Drogenabhängigkeit mit möglichst wenig Schäden überstehen. Der Senat vertritt in diesem Zusammenhang die Auffassung, daß es darauf ankommt, durch eine problemangemessene Flexibilität und eine eher akzeptierende Ausrichtung die Angebote bedarfsgerecht zu gestalten und für die Süchtigen entsprechend ihren konkreten (Über)-Lebensbedürfnissen nutzbar zu machen."

Das Konzept der Schadensbegrenzung stellt somit eine notwendige Zwischenstufe auf dem Weg zur völligen Normalisierung der Drogenthematik dar; es zielt in mehrere Richtungen gleichzeitig: In Richtung auf die Süchtigen, bei denen es gilt, die durch den Drogenkonsum und die Drogenprohibition hervorgerufenen Schäden zu minimieren; in Richtung auf Gefährdete, die vor den Risiken und Unwägbarkeiten einer allzu schnell vollzogenen Entkriminalisierung oder Legalisierung durch intensivierte und zugleich versachlichte und enttabuisierende Prävention geschützt werden sollen; in Richtung auf die Allgemeinbevölkerung, indem Probleme der Begleitkriminalität und Beschaffungsprostitution (indirekt) durch breit gefächerte Hilfeangebote einschließlich der Ersatzdrogen- und (Hamburg prüft diese Möglichkeit gegenwärtig) gegebenenfalls Drogenvergabe reduziert werden; in Richtung auf die Erzeugerländer von Drogen, die vor dem finanziellen Zusammenbruch geschützt werden müssen, indem vor einer (weltweiten) Drogenfreigabe die Fragen nach realistischen Entschuldungsprogrammen, alternativen Deviseneinnahmequellen und ggf. Umstellungsmöglichkeiten auf Produkte, die auf dem Weltmarkt erfolgreich konkurrieren können, geklärt werden.

Eine Politik, die in dieser Weise auf Schadensbegrenzung abzielt, ist etwas qualitativ anderes als der schlichte Versuch, sich über "positive Reformen" (i.S. Mathiesens) aus der Drogenpolitikkrise "herausstehlen" zu wollen, indem man ein an sich marodes System notdürftig kittet. Schadensbegrenzung hält die Option der Freigabe offen, diskreditiert und unterdrückt sie nicht, sondern führt sie einer versachlichten Diskussion zu, deren Ausgang einstweilen offenbleibt. In diesem Kontext ist das Buch von Henning Schmidt-Semisch ein nützlicher Einstieg.

Hamburg, im Juni 1990

Inhalt

Vorbemerkung 5
Vorwort 6

EINLEITUNG 17

A. Die Drogen-Politik in der Bundesrepublik Deutschland 18
   1. Die gesetzliche Grundlage - das Betäubungsmittelgesetz . 21
   2. Die Entwicklungen der polizeilichen Aktivitäten im Drogen-Bereich 25
   3. Die Entwicklung von Drogenhandel, -konsum und -abhängigkeit unter den Bedingungen einer prohibitionistischen Drogen-Politik 31
      3.1. Der Handel unter prohibitionistischen Bedingungen 32
      3.2. Drogenkonsum und Drogenszene unter prohibitionistischen Bedingungen 37
      3.3. Die Gefahren des illegalen Heroins 40
         3.3.1. Die körperlichen Schäden 40
         3.3.2. Die psychischen Schäden 43
   4. Die therapeutische Kontrolle 46
      4.1. Das Bild des Fixers als eines Kranken 46
      4.2. Abstinenz: Voraussetzung oder Ziel? 49
      4.3. Leidensdruck, Motivation, Freiwilligkeit 51
      4.4. Die Therapie-Einrichtungen und ihr Erfolg 54
         4.4.1. Selbstheilung (*maturing out*) 54
         4.4.2. Drogenberatungsstellen 55
         4.4.3. Langzeittherapien und Therapeutische Wohngemeinschaften 57
            4.4.3.1. Die Aufnahme 58
            4.4.3.2. Arbeit und Ausbildung 59
            4.4.3.3. Freizeit und Sexualität 59
            4.4.3.4. Privilegien, Disziplinierung und Hierarchie . . 60
            4.4.3.5. Die Erfolglosigkeit der Langzeittherapien 62
         4.4.4. Maßregelvollzug 63
         4.4.5. Strafvollzug 66
   5. Die Bedeutung der Massenmedien 69
   6. Ergebnis 72

B. Möglichkeiten der Repressionsverminderung und Entkriminalisierung in der herrschenden Drogen-Politik 74
   1. 'Entkriminalisierung' und 'Legalisierung' - Die Begriffe . . 75
      1.1. Entkriminalisierung 75
      1.2. Legalisierung 79
   2. Argumentationslinien für eine Repressionsverminderung in der herrschenden Drogen-Politik 81
      2.1. Der liberale Ansatz 81
      2.2. Der ökonomische Ansatz 83
      2.3. Der klientenfixierte Ansatz 85
      2.4. Der integrative Ansatz 86
      2.5. Zusammenfassung und Bewertung 89
   3. Konkrete Ansätze einer Politik der Represionsverminderung 91
      3.1. Methadon-(Polamidon-)Programme 91
      3.1.2. Allgemeines 91
      3.1.2. Kritische Diskussion der Argumente gegen Methadon-Programme 95
          3.1.2.1. 'Der illegale Markt weitet sich aus!' 95
          3.1.2.2. 'Methadon-Programme tragen nicht zur Verringerung der Beschaffungskriminalität bei!' . . . 97
          3.1.2.3. 'Methadon-Programme halten Abhängige von einer drogenfreien Therapie ab!' 99
          3.1.2.4. 'Methadon-Programme führen zu doppelter und mehrfacher Abhängigkeit!' 101
          3.1.2.5. 'Methadon-Programme verbessern nicht die Prognose HIV-Infizierter!' 103
          3.1.2.6. 'Methadon-Programme verharmlosen die Opiat-Sucht!' 104
          3.1.2.7. 'Methadon-Programme führen zu totaler Kontrolle!' 105
          3.1.2.8. 'Methadon-Programme erfassen nur die Abhängigen in größeren Städten!' 106
      3.1.3. Versuch einer realistischen Einschätzung von Methadon-Programmen 107
      3.1.4. Methadon-Vergabe und Entkriminalisierung . . . 111
      3.2. Heroin-Programme 112
      3.2.1. Heroin als Einstieg in ein Methadon-Programm 112
      3.2.2. Heroin-Maintenance für anerkannt Abhängige . 116

    3.3. Entkriminalisierung der Konsumenten 120
    3.4. Entkriminalisierung durch die Festlegung von Höchstmengen 122
    3.5. Entkriminalisierung im Sinne des holländischen Modells 124
    3.6. Resümee 126

C. Der legale Zugang zu Heroin für alle 129
    1. Varianten des legalen Zugangs zu Heroin 129
    2. Die unmittelbaren Vorteile des legalen Zugangs 131
    3. Mögliche Probleme einer Legalisierung 135
    4. Zur Perspektive einer Heroin- bzw. Drogenkultur 140
        4.1. Der Begriff 'Kultur' 140
        4.2. Kulturen des Drogengebrauchs - einige ausgewählte Beispiele 144
            4.2.1. Die Teezeremonie in Japan 144
            4.2.2. Qat im Jemen 146
            4.2.3. Die Kunst des Opium-Rauchens 149
            4.2.4. Gemeinsamkeiten einer Drogen-Kultur 151
        4.3. Nicht-abhängiger kontrollierter Heroin-Konsum . . 154
        4.4. Legaler Zugang zu Heroin als Voraussetzung von Heroin-Kultur 158
        4.5. Erfordert Heroin-Kultur eine 'andere Gesellschaft'? 159

Resümee und Ausblick 163

Abkürzungsverzeichnis 168

Literaturverzeichnis 169

EINLEITUNG

Das Thema 'Drogen' und speziell das Thema 'Heroin' garantiert in der heutigen gesellschaftlichen Diskussion Attraktivität und Brisanz. Seit November 1988 existiert diese Brisanz auch für das Thema 'Entkriminalisierung und/oder Legalisierung von Heroin'.
War eine öffentliche Diskussion über dieses Thema vor jenem Zeitpunkt quasi nicht denkbar, so wurde der interessierte Zeitungsleser am 2.11.1988 von den Überschriften der *Hamburger Morgenpost* "Heroin auf Krankenschein?" sowie "Drogenverkauf in der Apotheke" überrascht. Einen Tag darauf erschien der Stern (Nr. 45/1988) mit dem Titelblatt "Heroin... Müssen die Drogen freigegeben werden?". In den folgenden Wochen gewann dieses Thema auch im Fernsehen, d.h. in Talk-Shows wie z.B. 'Freitag Nacht' (NDR 3), Beachtung.

Auch wenn diese Diskussionsbeiträge in einer skeptischen bis ablehnenden Haltung verharrten, so war doch allein die Thematisierung dieser bisher nur von einer Minderheit getätigten Überlegungen recht außergewöhnlich. Sie führten dazu, daß der Hamburger Senat Mitte Juli 1989 als erste Landesregierung der Bundesrepublik seine drogenpolitischen Überlegungen dahingehend artikulierte, daß eine Vergabe von illegalen Drogen an Abhängige eine sinnvolle Reform darstellen könnte. Eine Konkretisierung bzw. Umsetzung dieser Überlegungen hat allerdings bis zum gegenwärtigen Zeitpunkt nicht stattgefunden.

Die vorliegende Arbeit *"Drogenpolitik. Zur Entkriminalisierung und Legalisierung von Heroin"* hat es sich zur Aufgabe gemacht, die herrschende Drogen-Politik auf ihre Effektivität hin zu untersuchen. Die Kernthese besteht in der Annahme, daß in der Bundesrepublik Deutschland zum gegenwärtigen Zeitpunkt kein 'Drogen-Problem' existiert, sondern daß es sich vielmehr um ein 'Drogen-Politik-Problem' handelt. Diese These geht aus von der Tatsache, daß der gesamte Umgang mit Heroin - und illegalen Drogen überhaupt - ein repressiver ist, der ausschließlich auf Verbot und staatlich-repressiver Kontrolle beruht und daher mit dem Begriff der *Pro-*

hibition benannt werden muß.[1]

Die Grundlagen und Auswirkungen sowie die Effektivität dieser prohibitionistischen Politik werden in Teil A. der vorliegenden Abhandlung analysiert. Hierzu ist es zunächst notwendig, die gesetzliche Grundlage der Prohibition und ihre Umsetzung durch die Exekutive darzustellen. Im Anschluß daran werden die Auswirkungen dieser prohibitionistischen Politik auf Drogenhandel, -konsum und -abhängigkeit betrachtet. In diesem Zusammenhang werden auch Aspekte der Therapie und Behandlung analysiert, da deren Voraussetzungen und Erfolge ebenfalls unter dem Einfluß der Verbots-Politik stehen. Des weiteren übernehmen die Massenmedien eine wichtige Funktion hinsichtlich ihres Einflusses auf die herrschende Drogen-Politik. Eine kritische Untersuchung ihrer Rolle in der herrschenden prohibitionistischen Situation bildet den Abschluß des Teiles A.

Verschiedene Möglichkeiten der Repressionsverminderung und Entkriminalisierung in der Heroinverbotspolitik werden in Teil B. untersucht. Hierzu ist es zunächst notwendig, die Begriffe der Entkriminalisierung und Legalisierung zu klären. Im Anschluß daran werden verschiedene Argumentationslinien, die eine Repressionsverminderung und/oder Aufhebung der prohibitionistischen Politik anstreben, vorgestellt und bewertet. Auf dieser Grundlage werden im folgenden Methadon- und Heroin-Programme sowie einige Vorschläge von Entkriminalisierung dargestellt und diskutiert.

Die Legalisierung von bzw. der legale Zugang zu Heroin - als radikalste mögliche Änderung der herrschenden Drogen-Politik - wird in Teil C. der vorliegenden Arbeit erörtert. Dabei wird berücksichtigt, welche Vor- und Nachteile eine solche Veränderung kurz- und langfristig mit sich bringen könnte. Zum Abschluß des Teils C. werden Überlegungen angestellt, welche gesellschaftlichen Voraussetzungen erfüllt sein müssen, um eine solche Strategie sinnvoll werden zu lassen.

---

[1]Insofern sollte diese Arbeit nicht ausschließlich in bezug auf Heroin verstanden werden, sondern die nachfolgen Ausführungen gelten in gleicher oder ähnlicher Weise auch für andere illegale Drogen.

Zur Erläuterung zweier Begrifflichkeiten:
Der Autor der vorliegenden Arbeit übernimmt nicht die häufig getroffene Unterscheidung zwischen 'harten Drogen' (Heroin, Kokain etc.) und 'weichen Drogen' (z.B. Cannabis). Eine solche Unterscheidung erscheint willkürlich und gleichzeitig bewertend, da die sog. 'harten Drogen' als gefährlicher eingestuft werden als die sog. 'weichen Drogen'. Vielmehr wird in dieser Abhandlung die objektiv bestehende Unterscheidung zwischen *legalen Drogen* (Alkohol, Nikotin, Kaffee, Medikamente etc.) und *illegalen Drogen* (Heroin, Cannabis, Kokain etc.) getroffen.

Die Abhängigkeit von Herion ist nicht mit dem Konsum von Heroin gleichzusetzen. Vielmehr bezeichnet Konsum oder auch der Gebrauch oder auch die Benutzung von Heroin eine Handlung; Abhängigkeit dagegen beschreibt einen Zustand, der nach längerem exzessiven Konsum von Heroin entstehen kann und der sich durch Entzugssymptome bemerkbar macht. Die Gruppe der Abhängigen ist also quasi eine Teilmenge der Gruppe der Konsumenten.

A. Die Drogen-Politik in der Bundesrepublik Deutschland

Die bundesrepublikanische Drogen-Politik besteht im Prinzip aus zwei Bereichen, deren erster den Umgang mit legalen Drogen und deren zweiter den Umgang mit illegalen Drogen betrifft.

Wenn in diesem Kapitel von *Drogen-Politik* die Rede ist, so handelt es sich um den Teil der Drogen-Politik, der darauf zielt, bestimmte Drogen zu verbieten bzw. den Umgang mit ihnen zu verhindern[2]. Der hier zu behandelnde Bereich kann dementsprechend als *prohibitionistische Drogen-Politik* bezeichnet werden.

Um einen Einblick in die prohibitionistische Drogen-Politik zu bekommen, ist es zunächst notwendig, die gesetzlichen Regelungen der Prohibition vorzustellen, um sodann die Durchsetzung dieser gesetzlichen Grundlage durch den staatlichen Gewalt-Apparat zu erörtern. Daran anschließend soll untersucht werden, welche Auswirkungen die prohibitionistische Drogen-Politik auf Handel und Konsum von Heroin sowie auf die Konsumenten selber und ihre Abhängigkeit hat.

In einem weiteren Schritt sollen die Voraussetzungen und Ziele der Drogen-Therapie-Einrichtungen in der Bundesrepublik sowie ihre Effektivität untersucht und bewertet werden.
Einen weiteren wichtigen Aspekt der herrschenden Drogen-Politik stellt die Bedeutung der Massenmedien dar. In einem letzten Kapitel soll auf diese Bedeutung eingegangen werden, um im Anschluß daran zu einer abschließenden Einschätzung der herrschenden bundesrepublikanischen Drogen-Politik zu gelangen.

---

[2] Der zweite Bereich, der die 'legalen Drogen' betrifft, wird in Teil C. dieser Arbeit berücksichtigt.

1. Die gesetzliche Grundlage - das Betäubungsmittelgesetz

1972 löste das Betäubungsmittelgesetz (BtmG) das bis dahin geltende Opiumgesetz vom 10.12.1929 ab. Der Name 'Opiumgesetz' schien durch die Vielzahl der nun im BtmG geregelten Substanzen nicht mehr gerechtfertigt.

Die aktuelle gesetzliche Grundlage zum Umgang mit und Verbot von bestimmten Drogen in der Bundesrepublik ist das "Gesetz zur Neuordnung des Betäubungsmittelrechts vom 28. Juli 1981", welches am 1. Januar 1982 in Kraft trat.

Dieses Gesetz regelt alle 'Betäubungsmittel' gleichermaßen und unterscheidet damit nicht zwischen sog. harten und weichen Drogen. Das Gesetz besteht aus acht Abschnitten; die Abschnitte zwei, drei, vier, fünf und acht sind für den vorliegenden Zusammenhang unerheblich und werden daher nicht ausführlich dargestellt:

Der erste Abschnitt (§§ 1,2) enthält Begriffsbestimmungen und gliedert die mit diesem Gesetz erfaßten Betäubungsmittel in drei Listen, die als Anlagen dem Gesetzestext angefügt sind. Liste I enthält die "nicht verkehrsfähigen" Betäubungsmittel, die dementsprechend nur illegal im Verkehr sein können (z.B. Heroin). Zur Liste II gehören "verkehrsfähige, aber nicht verschreibungsfähige Betäubungsmittel", d.h. solche Substanzen, die lediglich als Rohstoffe, Grundstoffe, Halbsynthetika oder Zwischenprodukte verwendet werden, die jedoch in Zubereitungen nicht als Betäubungsmittel verschrieben werden können (vgl. Scheerer 1982a, S.212). Liste III enthält "verkehrsfähige und verschreibungsfähige Betäubungsmittel" (u.a. auch Opium, Levomethadon und Kokain).[3]

Der sechste Abschnitt (§§ 29-34) benennt die Ordnungswidrigkeiten

---

[3] *Der zweite Abschnitt* (§§ 3-10) regelt die Erlaubnis und die Erlaubnisverfahren für die Teilnahme am Betäubungsmittelverkehr.
Der dritte Abschnitt (§§ 11-18) bezeichnet die Pflichten im Betäubungsmittelverkehr.
Der vierte Abschnitt (§§ 19-25) enthält Regelungen für Überwachungsmaßnahmen und die "Besondere Ermächtigung für den Spannungs- und Verteidigungsfall".
Der fünfte Abschnitt (§§ 26-28) regelt die Geltung für Bundeswehr, Bundesgrenzschutz, Bereitschaftspolizei und Zivilschutz; das Überwachungsrecht des Bundesgesundheitsamtes gilt für diesen Bereich grundsätzlich nicht.

und Straftaten:

- § 29 bezeichnet den Grundtatbestand, der praktisch jeden Kontakt zu den in den Anlagen bezeichneten Betäubungsmitteln unter Strafe stellt: Handel, Erwerb, Überlassung, Herstellung, Besitz, Bereitstellen von Geldmitteln zum Erwerb, Werbung, öffentliche Bekanntgabe von Gelegenheiten zum unbefugten Erwerb (vgl. Kühne, S.379). Die Strafe ist Freiheitsstrafe bis zu vier Jahren oder Geldstrafe; in "besonders schweren Fällen" beträgt die Strafe Freiheitsstrafe von einem bis 15 Jahren.
- § 30 definiert den Verbrechenstatbestand des organisierten bandenmäßigen Anbaus, Handels und der Herstellung sowie der leichtfertigen Verursachung des Todes eines anderen. Die Freiheitsstrafe beträgt zwei bis 15 Jahre, in minder schweren Fällen drei Monate bis zu fünf Jahren.

Eine Sonderstellung haben reine Eigenverbraucher und sog. 'Kronzeugen'. So kann:
- das Gericht von einer Bestrafung absehen,

"wenn der Täter die Betäubungsmittel lediglich zum Eigenverbrauch in geringer Menge anbaut, herstellt, einführt, ausführt, durchführt, erwirbt, sich in sonstiger Weise verschafft oder besitzt" (§ 29 Abs.5).

Die geringe Menge ist allerdings nicht genau bezeichnet.

- das Gericht nach seinem Ermessen die Strafe mildern oder von Strafe absehen, wenn der Täter:

*"1. durch freiwillige Offenbarung seines Wissens wesentlich dazu beigetragen hat, daß die Tat über seinen eigenen Tatbeitrag hinaus aufgedeckt werden konnte, oder
2. freiwillig sein Wissen so rechtzeitig einer Dienststelle offenbart, daß Straftaten nach § 29 Abs.3, § 30 Abs.1, von deren Planung er weiß, noch verhindert werden können."* (§ 31; vgl. auch Scheerer 1982a, S.214/215)

Der siebente Abschnitt (§§ 35-38) ist überschrieben mit "Betäubungsmittelabhängige Straftäter". Hier wird dem *Abhängigen*, der eine Strafe von höchstens zwei Jahren zu erwarten oder erhalten hat, die Möglichkeit eingeräumt, den Aufenthalt in einem Gefängnis oder einer Entziehungsanstalt des 'Maßregelvollzugs' zu vermeiden, indem er nachweist, daß er sich in einer "seiner Rehabilitation dienenden Behandlung" (§ 35) befindet "oder zusagt, sich einer solchen zu unterziehen, und deren Beginn gewährleistet ist" (§ 35).

In diesem Fall kann die Staatsanwaltschaft von einer Klage absehen, das Verfahren während der Hauptverhandlung vorläufig einstellen oder (später) die Vollstreckung eines Strafrestes oder Maßregelrestes zurückstellen.

Bricht der Betroffene aber die Behandlung ab, so ist die behandelnde Institution verpflichtet, dieses der Staatsanwaltschaft mitzuteilen. In diesem Fall wird das Verfahren fortgesetzt bzw. die Zurückstellung widerrufen. Dasselbe gilt für den Fall, daß

> *"der Beschuldigte eine Straftat begeht und dadurch zeigt, daß die Erwartung, die dem Absehen von der Erhebung der öffentlichen Klage zugrunde lag, sich nicht erfüllt hat oder ... aufgrund neuer Tatsachen oder Beweismittel eine Freiheitsstrafe von mehr als zwei Jahren zu erwarten ist"* (§ 37)

oder der geforderte Nachweis nach § 35 Abs.3 - Nachweis über die Aufnahme und über die Fortführung der Behandlung - nicht erbracht wird.

Ist die Vollstreckung einer Strafe oder Maßregel

> *"zurückgestellt worden und hat sich der Verurteilte in einer staatlich anerkannten Einrichtung behandeln lassen, in der die freie Gestaltung seiner Lebensführung erheblichen Beschränkungen unterliegt, so wird die vom Verurteilten nachgewiesene Zeit seines Aufenthalts auf die Strafe angerechnet, bis infolge der Anrechnung zwei Drittel der Strafe erledigt sind."* (§ 36 Abs.1)

Der Strafrest wird zur Bewährung ausgesetzt, sobald die Erprobung eines Lebens ohne Straftaten vom Gericht verantwortet werden kann. Hat sich der Betroffene in einer Einrichtung behandeln lassen, die nicht den Anforderungen in § 36 Abs.1 entspricht, so wird die Vollstreckung der Freiheitsstrafe oder des Strafrestes zur Bewährung ausgesetzt,

> *"sobald verantwortet werden kann zu erproben, ob er keine Straftaten mehr begehen wird."* (§ 36 Abs.2)

Eine solche Behandlung kann ganz oder teilweise auf die Strafe angerechnet werden,

> *"wenn dies unter Berücksichtigung der Anforderungen, welche die Behandlung an den Verurteilten gestellt hat, angezeigt ist."* (§ 36 Abs.3)

Nach § 38 Abs.1,2 gelten die §§ 35-37 für Jugendliche und Heranwachsende sinngemäß.[4]

Um die hier dargestellten Drogen-Gesetze in der Praxis anzuwenden bzw. durchzusetzen, entwickelte sich in den letzten zehn bis 20 Jahren ein ständig expandierender Polizei-Apparat.

---

[4]*Der achte Abschnitt* (§§ 39-41) enthält die Übergangs- und Schlußvorschriften sowie die 'Berliner-Klausel'.

2. Die Entwicklungen der polizeilichen Aktivitäten im Drogen-Bereich

In diesem Kapitel geht es in erster Linie darum, die Entwicklung der polizeilichen Tätigkeit im Rauschgiftbereich nachzuzeichnen und die Gründe und Legitimationen dieser - wie wir unten sehen werden, expandierenden - Entwicklung aufzuzeigen. Eine Bewertung der Erfolge bzw. Mißerfolge der polizeilichen Aktivitäten wird dagegen (um Wiederholungen zu vermeiden) in die Ausführungen des anschließenden Kapitels (3.) einfließen.

Drogendelikte sind in aller Regel opferlose Straftaten. So gibt es fast immer keine Geschädigten, die bei der Polizei Anzeige erstatten, was üblicherweise der Weg ist, auf dem die Polizei von Straftaten Kenntnis erhält. Da der Beginn der Ermittlungen nach § 152 Abs.2 StPO 'zureichende tatsächliche Anhaltspunkte' darüber erfordert, daß eine Straftat begangen wurde, würde eine Polizei, die in diesem Bereich abwarten würde, bis sie auf Anzeigen reagieren kann, nur wenige Fälle zu bearbeiten haben. Dies war auch während der zurückliegenden Jahrzehnte bis zu Beginn der 70er Jahre der Fall (vgl. Scheerer 1986b, S.205).

Ende der 60er Jahre und Anfang der 70er Jahre bildeten sich, unter anderem unter Einfluß der sog. 'Studentenbewegung', zum einen sich militant artikulierende politische Gruppierungen, die später als *Terroristen* benannt und dramatisiert wurden. Zum anderen entwickelte sich eine Gruppe von Personen, die mit allerlei Substanzen bzw. Drogen experimentierten. Diese beiden Phänomene, d.h. zum einen der sog. *Terrorismus* und zum anderen die sog. *Drogenwelle*, bildeten den Anlaß und gleichzeitig die Legitimation zum Ausbau des gesamten Sicherheitsapparates. So gab es in jener Zeit eine Reihe von Programmen, die sich sowohl mit dem 'Terrorismus-' als auch dem 'Drogen-Problem' beschäftigten[5]. Zudem wurde 1972 das

---

[5] So gab es das 'Sofortprogramm zur Modernisierung und Intensivierung der Verbrechensbekämpfung' vom 29.10.1970, das 'Aktionsprogramm zur Bekämpfung des Drogen- und Rauschmittelmißbrauchs' vom 12.11.1970, das 'Schwerpunktprogramm Innere Sicherheit' vom 22.3.1972 sowie das 'Programm für die Innere Sicherheit der Bundesrepublik Deutschland' vom 17.6.1972 (vgl. Behr/Juhnke 1985, S.151 sowie Scheerer 1986b,

Betäubungsmittelgesetz in Kraft gesetzt (vgl. a.a.O., S. 205/206).

Diese Maßnahmen zielten einerseits auf eine quantitative Ausweitung des Verfolgungs- und Sicherheitsapparates, d.h. auf eine Erhöhung der Planstellen sowie eine Verbesserung der technischen Ausstattung. Andererseits beabsichtigten diese Maßnahmen qualitative Veränderungen, d.h. Ausweitung von Kompetenzen und Erweiterung der Möglichkeiten des Zugriffs auf Personen, die man für verdächtig hielt.

Quantitative Auswirkungen. Es entwickelte sich seither ein in technischer und personeller Hinsicht zunehmend hochspezialisierter Apparat der Drogenbekämpfung auf der einen und der Terrorismusbekämpfung auf der anderen Seite, was vor allem auch einen Ausbau der 'originären Ermittlungszuständigkeiten'[6] der westdeutschen Bundespolizei bedeutete. Dies führte im Mai 1973 zur Übertragung der Ermittlungszuständigkeit für den internationalen Drogenhandel auf das Bundeskriminalamt (BKA).

"1976 erklärte der Bundeskanzler, daß die Rauschgiftbekämpfung beim weiteren Ausbau des BKA einen besonderen Stellenwert besitzen werde; der Einfluß des BKA führte dann 1978 dazu, daß Innenminister und Kanzler ein Papier abzeichneten, in dem sie versprachen, die 'Gleichrangigkeit von Terrorismus- und Drogenbekämpfung' organisatorisch wie personell deutlich zu machen." (a.a.O., S.207)

Der Einsatz der GSG-9-Gruppe wurde von Alfred Dregger (CDU) gefordert, zwecks "Trockenlegung des Rauschgiftsumpfes" (Dregger, zit. a.a.O., S.208). Der Präsident des Bundesgerichtshofes erklärte am 20.11.1979, daß alle Mittel gegen Drogen eingesetzt werden müßten, die einem Rechtsstaat für die wirksame Bekämpfung der

---

S.206).

[6]"Nach der Novelle des BKA-Gesetzes 1973 umfassen sie (die 'originären Ermittlungsbefugnisse', H.S.-S.) insbesondere die Bereiche Terrorismus, internat. Waffenhandel, Rauschgiftkriminalität und Falschgeldherstellung." (Busch u.a. 1985, S.84)

Gefahr zur Verfügung stünden (vgl. Behr/Juhnke 1985, S.151). Wenig später wurde im Bundestag die Verdreifachung der Planstellen für Rauschgiftermittler bewilligt sowie die Anschaffung von elektronischen Rauschgiftsensoren. Die zu jener Zeit 35.000 Datensätze umfassende Datenbank 'PIOS-Rauschgift' sollte zu einem totalen Meldedienst ausgebaut werden, der, von Flensburg bis in den Balkan und die Türkei reichend, die Bundesrepublik von eindringendem Rauschgift abschirmen sollte[7].

Qualitative Auswirkungen. Man beabsichtigte sich den Zugriff auf Personen, die man für verdächtig hielt, zu erleichtern, z.B. mit Hilfe erweiterter Möglichkeiten der Telefonüberwachung nach § 100 StPO sowie von nächtlichen Hausdurchsuchungen nach § 104 StPO. Auch die Gründe zur Anordnung von Untersuchungshaft (§ 112a StPO) wurden erweitert (vgl. Scheerer 1986b, S.206). Zudem hatte man sich mit dem Betäubungsmittelgesetz ein Instrument geschaffen, diejenigen Bevölkerungsteile, die man hauptsächlich der jungen Generation zurechnete und die man in Teilen durchaus als Bedrohung empfand, im ganzen besser kontrollieren zu können[8].

Darüber hinaus hatte die Expansion des Verfolgungsapparates aber auch neue Strategien hervorgebracht, die sich am ehesten

---

[7]vgl. Scheerer 1986b, S.208; Behr/Juhnke 1985, S.151; sehr ausführlich Busch 1985 u.a., S.119-146 sowie S.205-223.

[8]Scheerer versucht diesen Zusammenhang von BtMG und Kontrolle der jungen Generation statistisch zu belegen: "Der 'Krieg gegen die Rauschgiftkriminalität' traf vor allem die Altersgruppen der Jugendlichen und Heranwachsenden sowie der Jungerwachsenen. Insofern gibt es durchaus eine statistische Basis für die Interpretation der Betäubungsmittelkontrolle als einer Kontrolle der jungen Generation... Hiernach dominierte bis 1968, also während der Epoche der klassischen Morphinisten, eindeutig der erwachsene Tatverdächtige, dessen Alter - was aus der polizeilichen Kriminalstatistik wiederum nicht ersichtlich ist - sogar in den meisten Fällen weit über 30 Jahren gelegen haben dürfte. Im Gefolge der Jugendrevolte stieg dann die Zahl der (offiziell erfaßten, H.S.-S.) Rauschgiftdelikte generell rapide an, während der Anteil der erwachsenen Tatverdächtigen auf ein knappes Drittel zurückging. Erst seit 1972 fielen die Anteile der Jugendlichen und Heranwachsenden wieder; dies ist allerdings... weniger ein Indiz für die Rückkehr zum Typus des klassisch-integrierten Abhängigen als für das Älterwerden derjenigen, die, ohne ihren Konsum aufgegeben zu haben, 1969/70 noch in die Rubrik der Jugendlichen und Heranwachsenden gehörten und heute natürlich als Erwachsene verbucht werden, auch wenn es sich dabei um Jungerwachsene handelt, die in Einstellungen, Werten und Normen möglicherweise nach soziologischen Kategorien der 'Jugendkultur' zuzurechnen wären. Rückschlüsse über ein verändertes Einstiegsalter müßten auf dieser Datenbasis Spekulation bleiben." (Scheerer 1982a, S.207-209; vgl. auch Legnaro 1982, S.112/113)

charakterisieren lassen durch den Übergang von einer *re-aktiven* Ermittlungstätigkeit - die erst einsetzt, wenn der Polizei eine Straftat bekannt geworden ist - zu einer *pro-aktiven* Ermittlungstätigkeit. Dies bedeutete, daß man beispielsweise V-Leute in die Drogenszene einschmuggelte, wodurch die polizeiliche Aufmerksamkeit anstieg und womit sich die Anzahl der bekanntgewordenen Straftaten erhöhte. Man kann sagen, daß die Polizei somit den Umfang und das Anwachsen der Rauschgiftkriminalität selber kontrollieren konnte.

"Je mehr Ressourcen man in diesen Bereich hineinsteckte, je mehr V-Leute man in die Szene hineinschmuggelte, desto höher wurde die registrierte Drogenkriminalität und desto mehr konnte die Polizei wiederum auf steigende Gefährdung verweisen, was ihren Forderungen nach mehr Geld, Personal und Befugnissen jeweis wie in einem Spiralmodell noch mehr Nachdruck zu verleihen schien." (a.a.O., S.206).

Legitimationsgrundlage für diese beiden Entwicklungslinien, d.h. sowohl in qualitativer als auch in quantitativer Hinsicht, war die 'Polizeiliche Kriminalstatistik', deren Zahlen im Rauschgiftbereich aufgrund der personellen und technischen Expansion sowie der neuen Ermittlungsstrategien immer mehr anstieg. Eine Zeitreihentabelle der 'Polizeilichen Kriminalstatistik', die die Entwicklung der Tatverdächtigenzahl bei Rauschgiftdelikten anzeigt, verdeutlicht, daß es zwischen 1968 und 1970 einen wahren Tatverdächtigen-Boom gegeben hat. Lag die Zahl der Tatverdächtigen vor 1969 stets unter 2.000, so unterschritt sie ab 1971 nie mehr 20.000, vielmehr waren es ab 1978 mehr als 40.000; 1987 erreichte die Tatverdächtigenzahl den stolzen Wert von 61.388.

Nun sagt eine Tatverdächtigenstatistik wenig darüber aus, ob alle Tatverdächtigen später als schuldig im Sinne des Verdachts angeklagt und verurteilt werden. Noch weniger allerdings sagt sie darüber aus, ob sich die Gesamtzahl aller Drogendelikte, d.h. sowohl die ermittelten Delikte als auch das sog. Dunkelfeld erhöht haben oder nicht. Ob es also eine Zunahme der Gesamtdrogenkriminalität gegeben hat, müßte als These schlicht spekulativ bleiben (vgl. Kerner 1985b, S.260-267 sowie Busch u.a. 1985, S.259-271).

Eines aber zeigt diese Statistik sehr deutlich, nämlich daß sich die polizeilichen Aktivitäten auf diesem Gebiet enorm verstärkt haben. Es ist eine statistisch durchaus nachweisbare Tatsache: Je mehr Polizeibeamte sich einer bestimmten Gruppe von Menschen oder auch einem bestimmten geographischen Gebiet zuwenden, desto größer ist die Zahl der aufgedeckten Straftaten sowie die Zahl der Verdächtigen[9]. Diese Zahlen steigen aber nicht, weil die Gesamtzahl aller strafrechtsrelevanten Handlungen angestiegen ist, sondern vielmehr deshalb, weil die Aufmerksamkeit der Verfolgungsbehörden bzw. die Zahl der Polizeibeamten größer geworden ist und damit die Wahrscheinlichkeit einer Entdeckung.

Es läßt sich daher zusammenfassend feststellen, daß die Polizei im Rauschgiftbereich innerhalb der letzten zwei Jahrzehnte einen enormen Ausbau sowohl im personellen und technischen Bereich als auch im Bereich ihrer Kompetenzen und Eingriffsmöglichkeiten erfahren hat, der sich zweifellos auf die Zahlen der Tatverdächtigen sowie der Verurteilten eines jeden Jahres stark auswirkte. Wie bereits erwähnt, läßt sich über die Gesamtzahl aller Rauschgift-Delikte wenig Gesichertes aussagen. Umso mehr spricht die jeweilige Zahl der Tatverdächtigen für sich. Innerhalb von zwanzig Jahren stieg die Zahl von 1.226 im Jahre 1967 auf 61.388 im Jahre 1987 (eine Steigerung um 5.000%), und dies zweifellos parallel mit dem kontinuierlichen Ausbau der Strafverfolgungsinstanzen in diesem Bereich.

---

[9] Dieses Phänomen ist am Beispiel Lüchow-Dannenberg nachzuweisen. In diesem Landkreis hatte man aufgrund der Demonstrationen, die man im Zusammenhang mit einer geplanten Wiederaufarbeitungsanlage erwartete, Mitte des Jahres 1980 sieben neue Kriminalkommissariate mit insgesamt 46 Kriminalbeamten eingesetzt. Die spätere politische Entscheidung, diese Wiederaufarbeitungsanlage doch nicht zu bauen, führte zu einer stark geringeren Anzahl von Demonstrationen als erwartet und damit zu einer Nicht-Auslastung der zusätzlich eingesetzten Polizeibeamten. Infolge dieser Situation stieg die Kriminalitätsbelastung der Bevölkerung erheblich an; vor allem bei Kindern (um 113,2%), Jugendlichen (um 77,5%) und Heranwachsenden (um 36,9%). Dieser Anstieg lag quasi ausschließlich im Bereich der Bagatelldelikte. Die Verstärkung der Polizei hat sich demnach in einer starken Zunahme der registrierten Bagatelldelinquenz ausgewirkt (vgl. Pfeiffer 1987, S.33-35), über einen etwaigen tatsächlichen Anstieg der strafrechtsrelevanten Handlungen sagen diese Zahlen dagegen wenig aus.
Villmow macht den Zusammenhang zwischen größerer polizeilicher Aufmerksamkeit und einer statistischen Auswirkung im Bezug auf die sog. 'Gastarbeiterkriminalität' deutlich (vgl. Villmow 1985, S.130/131; auch Sellin 1979, S.58).

Und die Spirale dreht sich weiter[10]. Jedes Jahre stellen Polizeibeamte erneute Forderungen zur Erweiterung ihrer Rauschgift-Bekämpfungs-Einrichtungen; immer spielt eine angeblich erhöhte, kriminalstatistisch 'abgesicherte' Zahl der Rauschgiftkriminalität die entscheidende Rolle[11].

Die Polizei ist somit in der Lage, daß jene Daten, die einerseits als Indiz ihres Versagens gewertet werden können, andererseits zugleich zur Quelle erneuten Wachstums polizeilicher Potenz werden (vgl. Busch u.a. 1985, S.270/271).

Die Expansion der Polizei bedeutet gleichzeitig eine verschärfte Repression vor allem gegenüber den Konsumenten illegaler Drogen. Im folgenden Kapitel sollen die Auswirkungen dieser sich ständig verschärfenden Repression auf den Konsum illegaler Drogen und deren soziales und ökonomisches Umfeld untersucht werden.

---

[10] Auch der Hamburger Senat, der sogar über die legale Vergabe von Heroin an Abhängige nachdenkt, hat im Haushalt 1990 22 neue Planstellen für Drogenfahnder bewilligt.

[11] Daß der Ausbau der polizeilichen Gewalt bzgl. Drogen noch lange kein Ende gefunden hat, bestätigen u.a. auch Meldungen über die prognostizierten Auswirkungen des Europäischen Binnenmarktes. Anfang Juni 1989 meldet dpa:
"Sicherheitsexperten fürchten eine 'immense Welle' organisierten Verbrechens auf Europa zukommen, sobald die Staatsgrenzen beim Aufbau des EG-Binnenmarktes verschwinden. Während einer Fachtagung der NRW-CDU ... meinte Ronald Elder vom FBI, es sei festzustellen, daß Kriminalitätskartelle, besonders im Drogenhandel, sich nach Europa schieben. Vor einer 'heranbrandenden Drogenflut' warnte Baden-Württembergs Innenminister Schlee (CDU) Amerikanische Fachleute hätten ihn 'eine Rauschgiftschwemme ungeheuren Ausmaßes' für Europa prophezeit." (vgl. die taz vom 1.6.1989) Werden diese Prophezeiungen von staatlicher Seite so aufgenommen bzw. wird so darauf reagiert, wie es im Drogenbereich bisher stets der Fall war, d.h. Ausbau der Polizei- bzw. Verfolgungsbehörden, so müssen wir zu den mit der Errichtung einer aufwendigen zusätzlichen Europäischen Drogen-Polizei rechnen.

3. Die Entwicklung von Drogenhandel, -konsum und -abhängigkeit unter den Bedingungen einer prohibitionistischen Drogen-Politik

Wie in vielen anderen Ländern auch, gab es in der Bundesrepublik von jeher eine Anzahl von Menschen, die opiatabhängig waren. Man nannte und nennt sie die *Klassischen Morphinisten*[12].

Es handelt sich um erwachsene Personen, die in Berufen tätig waren, welche ihnen einen relativ unkomplizierten Zugang zu Opiaten bzw. hier Morphin und anderen Medikamenten oder Substanzen ermöglichten, etwa Ärzte, Apotheker, Angehörige des medizinischen Pflegepersonals etc. Aufgrund dieses mehr oder weniger freien Zugangs traten sie strafrechtlich kaum in Erscheinung, vielmehr wurden sie eher mit therapeutischen und/oder standesrechtlichen Mitteln (z.B. Berufsverbot) kontrolliert bzw. sanktioniert (vgl. Stein-Hilbers 1980, S.19).

In den späten 60er Jahren bildete sich dann eine völlig andersartige Gruppe von Drogenbenutzern und -abhängigen heraus. Sie experimentierten mit allerlei Drogen, unter anderem auch mit Opiaten, hatten aber im Gegensatz zu den Klassischen Morphinisten keinen legalen Zugang zu den von ihnen bevorzugten Substanzen. So waren sie, wenn sie den Konsum aufnehmen und fortsetzen wollten, dazu gezwungen, Substanzen zu konsumieren, die meist illegal hergestellt oder illegal erworben worden waren. Der Gedanke, durch Rezeptfälschungen, Rezeptdiebstähle oder Apothekeneinbrüche an den begehrten Stoff zu gelangen, lag somit nahe. Mit der Zeit entwickelte sich im Umkreis dieser Konsumenten ein illegaler Drogen- bzw. Opiat-Markt (vgl. a.a.O., S.20).

Die *illegalen Drogen* wurden von einem neuen Konsumentenkreis in Anspruch genommen, der vorwiegend der jüngeren Generation und der studentischen Bewegung zugeordnet wird.

Mit der sich demnach vergrößernden Zahl von Drogen-Konsumenten, bei gleichzeitig verschärfter polizeilicher und strafjustizieller Kontrolle

---

[12]Vgl. Schlender/Kaplan 1980, S.36; Stein-Hilbers 1980, S.19/20; Scheerer 1985b, S.38/39; Kielholz/Ladewig 1972, S.36; Kaplan 1985, S.136/137; Noller/Reinicke 1987, S.12

des Zugangs zu und der Benutzung von Betäubungsmitteln, wuchs auch die Möglichkeit, mit dem Verkauf und Handel von bzw. mit Rauschmitteln ökonomischen Profit zu machen.

3.1. Der Handel unter prohibitionistischen Bedingungen

Der Handel mit illegalen Drogen unterliegt wie jeder andere Handel mit legalen Waren auch den Bedingungen des kapitalistischen Marktes, der sich im wesentlichen über Angebot und Nachfrage organisiert und koordiniert. Allerdings weist der illegale Handel mit Heroin zwei Besonderheiten auf, die hier eingehender behandelt werden sollen. Diese Besonderheiten liegen zum einen im Produktions- und Transport-Bereich und zum anderen in der Art der Nachfrage.

Die unterschiedlichen Phasen der Produktion, des Transports und des Handels zeichnen sich zunächst einmal dadurch aus, daß zahlreiche Personengruppen in den Handel involviert sind. Auch die nationale Verteilerkette der Droge im 'Verbraucherland' ist erheblich länger als auf einem legalen Markt, weil es notwendig ist, die Menge an Informationen zu begrenzen, die jeder niedrigere Händlerring über die Mitglieder des nächst höheren besitzt, wodurch die Verhaftungswahrscheinlichkeit auf ein Minimum beschränkt werden soll (vgl. Arlacchi 1989, S.190; Amendt 1984, S.247).

Die Handelskette beginnt bei den Opiumproduzenten, d.h. bei den Mohnbauern, wo das ertragreiche Geschäft mit der Droge bereits beginnt. Ein Feld Mohn, so rechnen Behr/Juhnke, bringt dem Mohnbauern 2.000 US-$ ein, der nächstertragreiche Tabak, angebaut auf derselben Fläche, 460 US-$ und Weizen lediglich noch 40 US-$[13].

Der geerntete Mohnsaft - das sog. *Rohopium* - wird sodann von sog. *Contractors* - Einkäufern die zu den Bauern kommen, aufgekauft

---

[13] Welcher Bauer ließe sich da nicht recht einfach überzeugen, Mohn anzubauen, auch wenn die Ernte vergleichsweise arbeitsintensiv ist. Auch die von der UNO propagierten Agrarprogramme (Programme zur Umstellung auf den Anbau anderer Produkte) haben bei diesen gravierenden Verdienstunterschieden nur geringen Erfolg (vgl. Behr/Juhnke, S.136, Behr, S.18-20; Amendt 1984, S.189-192 sowie 1987, S.27).

und gelangt so in die Heroinlabors, wo es zu Heroin verarbeitet bzw. 'veredelt' wird. Über die als *Connections* bezeichneten Handelsrouten gelangt das Heroin über diverse Stationen nach Europa oder direkt in die Bundesrepublik[14].

Die Preissteigerung ist enorm: Kostet ein Kilo Heroin z.B. in Pakistan 10.000 - 12.000 DM, so muß man, ist es in der Bundesrepublik angelangt, bereits 80.000 - 100.000 DM bezahlen. Ein sehr großer, wenn nicht gar der größte Profit liegt bei den Speditionen bzw. bei den Gliedern der Transportketten, die das illegale Gut verfrachten. Wegen der hohen Profite in diesem Bereich nimmt der sog. *Ameisenhandel*, d.h. das Transportieren sehr kleiner Mengen durch Einzelpersonen, ständig zu (vgl. Leu 1984, S.153). Behr allerdings sieht in diesen Ameisen auch nur Kuriere im fremden Auftrag und gesteht dem Ameisenhandel keine dominante Rolle zu. Vielmehr seien auch die offiziell angegebenen Mengen, die durch Ameisen ins Land kämen, eher gering (vgl. Behr 1984, S.225).

Arlacchi konstatiert, daß der Großeinkauf und -verkauf von Heroin, das zur Verteilung auf dem heimischen Markt bestimmt ist, im wesentlichen unter der Beteiligung von Personen betrieben wird, die nach außen der legalen und anerkannten Welt zugehören. Diese Beteiligung sei eher unregelmäßig und auf ein einziges großes Geschäft oder auf eine bestimmte Phase eines großen Geschäfts begrenzt. Es handele sich hierbei um Freiberufler, Geschäftsmänner und Kaufleute, die den Ankauf einer bestimmten Menge Heroins finanzierten, weil sie im Laufe weniger Monate oder Wochen ihr investiertes Kapital vervielfachen könnten (vgl. Arlacchi 1989, S.190).

Geht man von diesen Fakten aus, so muß man feststellen, daß der allergrößte Teil des Drogengeschäfts tatsächlich über größere organisierte Kreise verläuft und der sog. Ameisenhandel sich dagegen fast unbedeutend ausnimmt.

National ist die Zahl der Großabnehmer nach Behr/Juhnke rela-

---

[14]Vgl. ausführlich Behr 1984, S.176ff; Behr/Juhnke 1985, S.140-142; Amendt 1984, S.247-266

tiv klein. Für den Cannabis-Bereich schätzen sie die Zahl der Groß-
importeure auf zwei bis drei, räumen allerdings ein, daß es bei
Heroin wohl mehr Importeure seien. Auch die Zahl der regionalen
Großhändler wird maximal auf zwei oder drei geschätzt (vgl. Behr/
Juhnke 1985, S.144/145).

Es folgen nun die Händler, die auf jeder Hierarchie-Stufe abwärts
immer weniger Heroin an- und verkaufen, bis der sog. 'Stoff' am
Ende der Kette beim Konsumenten angelangt.

Der Preis der Droge ist nun wieder um ein Vielfaches teurer und
ihre Qualität um ein Vielfaches schlechter. Diese beiden Faktoren
sind indirekt abhängig vom Grad der Illegalität bzw. der Repression
der Verfolgung. So ist in Ländern mit einem hohen Grad an repressiver Verfolgung der Heroin-Szene der Preis für Heroin einleuchtenderweise recht hoch, weil aus Vorsicht mehr Zwischenhändler einge-
schoben werden. Um den eigenen Profit zu erhöhen, wird das Heroin
von den Zwischenhändlern zudem mit allerlei Substanzen gestreckt
(vgl. Scheerer 1986b, S.211; Quensel 1982, S.161; Amendt 1984,
S.193-195).

Da die Hintermänner des Drogen-Handels fast nie das Entdek-
kungsrisiko selber tragen, sondern auf Kuriere und Mittelsmänner
abwälzen, interessiert sie bei der ökonomischen Analyse weniger die
Strafverfolgung als vielmehr das Verhältnis von finanziellem Aufwand
und Gewinn. Da der Preis in einem repressiven Klima eher höher
liegt, werden sie ihre Geschäfte eher in einem Land mit hoher Repression abwickeln, weil der Profit dadurch erheblich steigt.

*"So erklärt sich denn auch, daß die Bundesrepublik (nicht
trotz, sondern in gewisser Weise wegen ihrer verschärften
Drogenpolitik) Amsterdam in der Mitte der 70er Jahre den
Rang als Drehscheibe des internationalen Drogenhandels ab-
laufen konnte."* (Scheerer 1986b, S. 211)

Die zweite Besonderheit des illegalen Handels mit Heroin betrifft die
Nachfrage. Der Heroinmarkt zeichnet sich aus durch ein ständiges
Ungleichgewicht zwischen Nachfrage und Angebot, das sich zu-

gunsten der Anbieter auswirkt. Zum einen ist das Angebot an Heroin quasi immer knapp und zum anderen trifft dieses Angebot auf eine preisunelastische Nachfrage, denn ein Heroinabhängiger kann sich aufgrund seiner Entzugssymptome das Angebot nicht aussuchen, sondern muß den Stoff nehmen, der ihm angeboten wird, unabhängig von Preis und Qualität (vgl. z.B. Hartwig/Pies 1989, S.95; Arlacchi 1989, S.191; Amendt 1984, S.199).

Arlacchi kommt daher mit einiger Berechtigung zu dem Schluß, der Drogenmarkt sei ein klassischer *Verkäufermarkt*, auf dem der Verkäufer seine Preise und Verkaufsmengen, aber auch die Qualität der Substanz innerhalb sehr weiter Spannen variieren könne. Eine idealere Nachfragestruktur sei gar nicht zu denken (vgl. Arlacchi 1989, S.191).

Der illegale Handel mit Drogen ist immer auch gekennzeichnet durch seine Bekämpfung. Deren Erfolge sollen im folgenden kurz erörtert werden.

Die Effektivität der *Rauschgiftbekämpfung* auf der Ebene des Handels mit größeren Mengen ist recht begrenzt. Berndt-Georg Thamm konstatiert im *Stern*, man möge noch mehr Polizisten und Soldaten in den Kampf gegen Drogen einsetzen, aber man schicke sie in einen verlorenen Krieg. Weltweit könnten die Strafverfolgungsbehörden nur drei bis maximal zehn Prozent des umlaufenden Rauschgiftes beschlagnahmen (vgl. Thamm 1988, S.32-33; auch Hippel 1988, S.290).

Die Verdienstmöglichkeiten sind zu hoch und die Grenzen zwischen legalem und illegalem Handel zu verschwommen, als daß man erhebliche Erfolge erzielen könnte. Nicht nur das sog. *organisierte Verbrechen* lebt von diesem Geschäft, sondern auch nicht wenige Guerilleros, Freiheits- und Unabhängigkeitskämpfer, Geheimdienste etc. - denn oft genug sind die sog. *Narco-Dollars* die härteste Währung[15].

---

[15]So ist es z.B. ein offenes Geheimnis, daß sich die nicaraguanische Contra-Organisation FDN zu einem großen Teil über Drogenhandel finanziert hat und daß sie dabei von der CIA zumindest ideologisch unterstützt wurde. Solange die Regierung in Washington der

Damit ist der Rauschgifthandel zunehmend zur Quelle politischer, militärischer und ökonomischer Macht für die verschiedensten Gruppen und Interessen geworden, protegiert von mindestens ebenso mächtigen Organisationen wie die Rauschgiftbekämpfungs-Organisationen selbst (vgl. auch Thamm 1989, S.219-226). In diesem Zusammenhang sind dann auch die im militaristischen Stil gehaltenen Vorschläge von Heinrich Boge, Präsident des BKA, eher naiv, wenn er meint, daß die 'Grenzen des Abwehrkampfes' längst noch nicht erreicht seien und die neuen Konzepte seiner Behörde vorstellt:

"- *vorgelagerte Abwehrlinien, etwa der Einsatz von Rauschgiftverbindungsbeamten in den Hersteller- und Transitländern;*
- *Abschöpfung der illegal erworbenen Vermögenswerte (Geld, Firmen, Grundstücke) und Aufdeckung von Geldwaschanlagen;*
- *verfeinerte verdeckte Ermittlungsmethoden;*
- *Herausbrechen von Organisationsmitgliedern aufgrund einer bereits existierenden 'Kronzeugenregelung', die noch verbessert werden kann."* (Boge 1988, S.33-35)

Oben hatten wir festgestellt, daß Repression den Markt eher fördert - diesen Zusammenhang sieht Boge offensichtlich nicht. Noch nie hätten die 'Rauschgifthändlerorganisationen' am Elend von 40 Mio. Rauschgiftsüchtigen in aller Welt so viel verdient wie heute, konstatiert Boge; daß die von ihm propagierte Verschärfung staatlicher Repression den Handel florieren lassen und das Elend verstärken könnte, zieht er nicht in Erwägung.

Es bleibt zusammenfassend festzustellen, daß der 'Krieg gegen den Drogenhandel' ein aussichtsloser ist, auch wenn man Boge in einem Punkt Recht geben muß: Die Grenzen des 'Abwehrkampfes' sind noch nicht erreicht! Mit genügend Geld kann fast jeder 'Krieg' fortgesetzt werden, ob er allerdings zu dem gewünschten Erfolg führt,

---

Contra nicht genügend Geld zur Verfügung stellen würde, so die Rechtfertigung, sei diese eben auf den illegalen Drogenhandel angewiesen (vgl. z.B. Amendt 1987, S.97-105). Eine recht ausführliche Auflistung weiterer Guerilla- und anderer sog. 'Terror-Gruppen' auf der ganzen Welt, die sich über Drogengeschäfte finanzieren, bietet Thamm 1989, S.221-225.

muß vor dem Hintergrund der geschilderten kontraproduktiven Folgen bezweifelt werden.

Sicher ist, daß die Zunahme der Repression die Droge noch teurer und wahrscheinlich noch schlechter machen wird. Und das trifft immer wieder das schwächste Glied der Kette - den Konsumenten.

3.2. Drogenkonsum und Drogenszene unter prohibitionistischen Bedingungen

Jeder Drogen-Konsum erfolgt in einem bestimmten sozialen Kontext, welcher einen entscheidenden Einfluß hat auf die Wahl des Ortes des Konsums, auf die Bewertung des Rausches, die Konsumenten und die Gefährlichkeit des Konsums, auf Verherrlichung oder Verteufelung der Droge etc. Auch Heroin wird nicht gesellschaftlich losgelöst bzw. uneingebunden konsumiert. In der Bundesrepublik steht die Kriminalisierung bzw. Illegalität dieser Droge im Vordergrund und prägt das Leben der Konsumenten und die Struktur sowie das Handeln der Szene rund um das Heroin.

Heroin ist unter kriminalisierten Bedingungen, wie wir bereits gesehen haben, teuer. Quensel schätzt den benötigten *täglichen Bedarf* eines Abhängigen auf 50 - 300 DM (im Monat: 1.000 - 10.000 DM), Singhartinger für Mitte 1986 gar auf 150 -400 DM täglich (vgl. Quensel 1982, S.161; Singhartinger 1987, S.116).

Dieser finanzielle Aufwand übersteigt die Möglichkeiten der allermeisten Heroin-Konsumenten bei weitem. Die Folge ist ein immenses Ausmaß an strafrechtsrelevanten Handlungen, mit denen die Betroffenen versuchen, diese Kosten zu bewältigen - die sog. *Beschaffungskriminalität*[16].

---

[16]Vgl. Quensel 1982, S.162; Singhartinger 1987, S.115/116; Stein-Hilbers 1980, S.20/21; Kemper 1980, S.60; u.a.

Beschaffungskriminalität läßt sich grundsätzlich in zwei Kategorien teilen: *direkte* und *indirekte* Beschaffungskriminalität. Zur direkten Beschaffungskriminalität zählen Delikte, die unmittelbar darauf gerichtet sind, sich Drogen zu beschaffen, z.B. Apothekeneinbrüche, Rezeptdiebstähle oder -fälschungen etc. Indirekte Beschaffungskriminalität beinhaltet z.B. Eigentums- und Vermögensdelikte, die darauf zielen, mit dem erlangten Geld Drogen zu kaufen: Diebstahl, Raub, Einbruch, aber auch Selber-Dealen etc. (vgl. Kemper 1980, S.60; B. Becker 1982, S.190/191).

Eine weitere Möglichkeit der Geldbeschaffung ist die in erster Linie von Frauen betriebene Prostitution. Um ihre hohen Ausgaben bewältigen zu können, sind viele drogenabhängige Prostituierte (Frauen wie Männer) darauf angewiesen, durch Sexualpraktiken, bei denen hohe Infektionsgefahr mit HIV oder infektiösen Geschlechtskrankheiten besteht (z.B. Geschlechtsverkehr ohne Präservativ), ihre Einnahmen zu stabilisieren.[17]

Diese Handlungen (Beschaffungskriminalität und Prostitution), die zur Beschaffung notwendig sind, stellen eine zusätzliche Kriminalisierung und/oder Marginalisierung der Betroffenen dar, d.h. Heroin-Konsumenten werden zum einen aufgrund ihres Konsums kriminalisiert und zum zweiten aufgrund ihrer nahezu zwangsläufigen Handlungen zur Beschaffung der Droge.

Der Notwendigkeit der illegalen Geldbeschaffung folgt zudem ein Hineinwachsen der Heroin- und Drogen-Szene (bzw. der Konsumenten) in andere sog. kriminelle Bereiche (vgl. Quensel 1982, S.162). Um aus Diebesgut Geld zu machen, muß man einen Hehler finden, Prostitution bringt die Zuhälter auf den Plan, und Selber-Dealen erfordert ein tieferes Eindringen in die Dealer-Szene.
So verschwimmen die Grenzen zwischen den einzelnen Bereichen der illegalen Handlungen immer mehr. Die Abhängigkeit der Fixer bezieht

---

[17]Singhartinger berichtet zudem, daß Männer und insbesondere Frauen, die ihren Drogenkonsum durch Straßenprostitution zu finanzieren suchen, sowohl sozial als auch einkommensmäßig am untersten Ende der Prostituierten-Hierarchie stehen (vgl. Singhartinger 1987, S.118/119)

sich nicht mehr allein auf die Droge, sondern auch auf die Hehler, Zuhälter etc.

Der ständige Verfolgungs- und Beschaffungsdruck zerstört meist alle sozialen Beziehungen außerhalb der Szene. Der in der Illegalität lebende Süchtige wird völlig von seinen Aktivitäten zur Konsumsicherung absorbiert. An Familie, Ausbildung, Beruf oder Freizeit zu denken, ist für ihn illusorisch.

"Selbst wenn er sich nicht auf ein Leben in einer Rückzugssubkultur beschränken möchte, sieht er sich durch seine Illegalität dazu gezwungen." (Kappel/Scheerer 1980, S.52)

Aber auch innerhalb der Szene leistet die Kriminalisierung und vor allem auch der Einsatz von V-Leuten und Under-Cover-Agenten Verheerendes[18]. Nur wenigen kann man trauen - wenn überhaupt jemandem. Die sog. *Kronzeugenregelung* im BtmG (§ 31) schafft zudem noch eine Verschärfung der Situation. Obwohl für die Polizei die Möglichkeit, V-Leute in die Szene einzuschmuggeln, schon besteht, erhält sie mit diesem Paragraphen darüber hinaus noch die Chance, Fixer, die einer Straftat beschuldigt werden, durch das Angebot des 'Absehens von Strafe' bzw. der 'Strafmilderung' als Kronzeugen zu benutzen. 'Legal bestochen' wird der Betroffene dann als V-Mann in die Szene zurückgeschickt, man hat ihn - im Polizei-Jargon - 'umgedreht'.

Hierdurch werden alle, bislang in anderen subkulturellen Szenen gegebenen, Sozialbeziehungen in der Drogen-Szene zerschlagen, um an deren Stelle eine neue, von Mißtrauen, Haß und Betrug durch und durch gefärbte Beziehungsstruktur zu unterstützen (vgl. Quensel 1982, S.163).

Der Fixer, der sich mit seiner nichtsterilen Spritze heimlich auf der Bahnhofstoilette einschließt, nach der Injektion eines, im Reinheitsgrad nichteinschätzbaren, Stoffes ins Koma fällt und Stunden

---

[18]Siehe zu dieser Problematik vor allem auch Kreuzer 1985a, S.55-58 sowie 1985b, S.59-61

später tot aufgefunden wird, ist das Produkt auch dieses tiefsitzenden Mißtrauens der Fixer untereinander, der Angst vor Lockspitzeln (späteren Kronzeugen) und Razzien der meist polizeibekannten Privatwohnungen, in denen sich solche Unfälle vermeiden ließen. Eine Solidarität der Fixer untereinander, eine vertrauensvolle Geselligkeit, die zugleich auch Hilfe im Notfall und Vermeidung von ungewollten Nebenfolgen bedeuten würde, wird durch eine Drogenpolitik staatlich-repressiven und prohibitionistischen Zuschnitts konsequent sabotiert (vgl. Scheerer 1985b, S.47).

Diese von allen Seiten auf die Heroinkonsumenten, und besonders die Abhängigen unter ihnen, einwirkende Verfolgung, Kriminalisierung, das Mißtrauen und die Stigmatisierung in quasi allen Lebensbereichen, wirkt sich auch auf ihren physischen und psychischen Zustand aus.
Das folgende Kapitel handelt daher von den physischen und psychischen Gefahren des illegalen Heroins.

3.3. Die Gefahren des illegalen Heroins

Für den häufig schlechten psychischen und physischen Zustand von Heroinabhängigen wird in der Regel die Droge an sich verantwortlich gemacht. Es ist allerdings anzunehmen, daß dieser Zustand zum allergrößten Teil von der Illegalität bedingt, d.h. von der prohibitionistischen Situation produziert ist[19]. Dies soll im folgenden untersucht werden.

3.3.1. Die körperlichen Schäden

Als typische physische Krankheiten eines *Fixers* gelten: Hepatitis, Venenentzündungen, ruinös defekte Zähne, Abszesse, HIV-Infektion und letztlich der sog. *Drogen-Tod* (vgl. z.B. Quensel 1982, S.156; Vormann 1982, S.84).

---

[19]vgl. Quensel 1982, S.156; Kaplan 1985, S.127/128; Grimm 1985, S.108; Singhartinger 1987, S.118; Scheerer 1985b, S.36.

Es läßt sich zeigen, daß alle diese Gebrechen weniger dem Heroin als solchem, sondern vielmehr dem aufgezwungenen Umgang mit der Droge, der zum größten Teil ein Produkt der Kriminalisierungs-Situation ist, zuzuschreiben sind.

Denn einleuchtenderweise ist eine Infektion mit Hepatitis oder HIV nicht die Folge der Droge Heroin, aber doch die Folge einer nichtsterilen Verabreichung der Substanz. Aus Angst vor Entdeckung haben viele Konsumenten ihr Spritzbesteck oft nicht bei sich und benutzen daher die Spritzen zusammen mit anderen (*needle-sharing*)[20]. Auch wenn der Trend seit einiger Zeit hin zu Einwegspritzen geht, die - vorausgesetzt, man benutzt sie tatsächlich nur einmal - von der Infektionsgefahr her unbedenklich sind, so sind diese Einwegspritzen noch lange nicht in allen Apotheken frei erhältlich, da einige Apotheker die Abgabe von Spritzen an Fixer aus moralischen oder anderen Gründen ablehnen[21].

Abszesse, Geschwüre und Venenentzündungen sowie der ruinöse Zustand der Zähne lassen sich auf eine unzureichende medizinische Versorgung zurückführen, z.B. aufgrund einer häufig fehlenden Krankenversicherung (vgl. Scheerer 1986b, S.111; Quensel 1982, S.156).

Und letztlich sind auch die sog. *Heroin-* oder *Drogen-Toten* zu einem nicht geringen Teil ein Produkt der Kriminalisierung[22], denn wie wir oben gesehen haben, durchläuft das Heroin vom Hersteller bis zum Konsumenten sehr viele Stationen. Während dieses Weges wird es nicht nur teurer, sondern es wird auch mit allerlei Substan-

---

[20]Allerdings wird eine gemeinsame Spritze gelegentlich auch als Symbol der Zusammengehörigkeit benutzt, was bei einem relativ hohen Prozentsatz von HIV-infizierten Fixern ebenso gefährlich ist. In Justizvollzugsanstalten ist die Mangelsituation der häufigste Grund für eine gemeinsame Benutzung (vgl. zu needle-sharing und HIV-Infektionsgefahr ausführlich Reuband 1988, S. 75-81).

[21]vgl. Aidsforum 1988, S.85 sowie S.90-94: Hier wird eine gute Darstellung der Besteckvergabemöglichkeiten, aber auch deren Hindernisse gegeben. Vgl. zur Spritzen-Vergabe in Bremen: Schuller/Stöver 1988, S.8-11.

[22]vgl. Kaplan 1985, S.129-131; Leu 1984, S.62; Singhartinger 1987, S.114; Stein-Hilbers 1980, S.156/157.

zen immer mehr gestreckt, d.h. verdünnt. Der Konsument kann nie wirklich sicher sein, wieviel Prozent Heroin der Stoff enthält, den er kauft. Vielmehr schwankt der Reinheitsgrad zwischen 5% und 90% im verkauften Stoff (vgl. Quensel 1982, S.318; Scheerer 1985b, S.39).

> *"Wenn plötzlich wieder einmal hochreines, praktisch unverdünntes Heroin auf den Markt gelangt, kommt es regelmäßig zu einer Reihe von Todesfällen durch zu hohe Dosierung."* (Leu 1984, S.62)

Zudem können durch die beim Strecken dem Heroin beigemischten Substanzen oder durch Ersatzstoffe, die der Abhängige z.B. bei Verknappung des Angebots oder bei Geldmangel zur Überbrückung bis zum nächsten Heroin einnimmt (sog. *Downer*), unvorhergesehene Wechselwirkungen auftreten, die von Vergiftungen bis hin zum Tod reichen können (vgl. a.a.O., S.63 sowie Quensel 1982, S.157).

Auch Suizid durch eine gezielte Überdosis dürfte eine häufige Todesursache sein. Quensel kommt nach den Unterlagen des BKA zu einer Rate von 14 - 18% aller Drogentodesfälle, die gesichert als Suizid einzustufen sind. Für die USA benennt Quensel eine Zahl von 48% Selbstmorden; Grimm nimmt auch für die Bundesrepublik eine Suizidrate von 14 - 48% an (vgl. Quensel 1982, S.169; Grimm 1985, S.96). Platt/Labate geben zwar keine Prozentzahlen, konstatieren aber, daß die Selbstmordquote unter Heroinsüchtigen dreimal so hoch sei wie in der restlichen Bevölkerung (vgl Platt/Labate 1982, S.34).

Die körperlichen Schädigungen sind demnach alle auf die sozialen Bedingungen des Konsums zurückzuführen, auf Verwahrlosung, Uneinschätzbarkeit des Reinheitsgrades, unsterile Verabreichung, Verzweiflung in einer Situation von Kriminalisierung und Stigmatisierung etc.

Tiefergehende körperliche pharmakologisch bedingte Nebenwirkungen oder Schäden des Heroinkonsums (an sich) sind dagegen bis heute nicht bekannt geworden, abgesehen von der Abhängigkeit als solcher und den damit verbundenen Entzugserscheinungen[23]. Eine körperliche Abhängigkeit wiederum ist unter medizinischen Gesichtspunkten ungefährlich (vgl. Grimm 1985, S.103 sowie Heckmann 1982c, S.240). Und Kaplan konstatiert:

> "A standard medical text reports that 'there is no evidence that the opiats produce organic central nevous system damage or other pathology, even after decades of continous use. An 84 year-old physician who was an morphine addict was found to exhibit no evidence of mental or physical deterioration after continous use for sixty years'. Studies of the rare middle-class heroin or morphin addicts who, either legally or illegally, had been maintained on opiats confirm this. They indicate that such addicts suffer from no health problems that are not shared by general population." (Kaplan 1985, S.128)

Es sollte deutlich geworden sein, daß diese Krankheits- und Todesfälle nicht dem Heroin als solchem zugeschrieben werden können, sondern vielmehr durch die Umstände, unter denen die Droge konsumiert wird - die Illegalität verursacht werden.

3.3.2. Die psychischen Schäden

Auch die sog. *psychischen Folgen* von Heroinkonsum und -abhängigkeit werden oft der Droge selbst angelastet, sozusagen als ihre inhärente Qualität. Die soziale Bedingtheit dieser Schäden, z.B. eben durch Kriminalisierung, wird dabei leicht vergessen.

So heißt es bei Kielholz/Ladewig, daß längere Abhängigkeit vom Morphintypus notwendig zur 'Verflachung der Gesinnung', 'Schwächung des Gewissens', 'Abstumpfung des Pflicht-, Takt- und Verantwortungsgefühls', Einengung der Interessen und zunehmender Egozentrizität führe. 'Die charakterliche Entkernung' manifestiere

---

[23] vgl. Quensel 1982, S.156; Stein-Hilbers 1980, S.21; Scheerer 1986b, S.112; Singhartinger 1987, S.114; Kaplan 1985, S.127/128; ausführlich auch Grimm 1985, S.100-109 sowie Platt/Labate 1982, S.31-47

sich immer deutlicher in Unzuverlässigkeit, Unaufrichtigkeit und Verlogenheit. Der moralische Halt, die Selbstkritik und das Gefühl für soziale Verpflichtungen würde schwinden. Die Aktivität der Betroffenen erschöpfe sich in der Beschaffung der Pharmaka (vgl. Kielholz/Ladewig 1972, S.39 sowie 1973, S.40).

Täschner bezeichnet die *Heroinsucht* als die Ursache einer Fülle körperlicher, geistiger und sozialer Schäden. Sucht 'schleife' wesentliche charakterlich-individuelle Akzente der Persönlichkeit zunehmend ab und ähnele darin gewissen defektbildenden Geisteskrankheiten (vgl. Täschner 1982, S.1427). Wer längere Zeit süchtig sei, mache meist eine typische Persönlichkeitsdeformierung (Depravation) durch, deren Grundlage offenbar hirnorganische Veränderungen seien. Das Gehirn des Süchtigen sei einer dauernden Gifteinwirkung ausgesetzt. Dies führe zu Schäden, die wir zwar nicht am Gehirn selber nachweisen können, die aber im Verhalten der Betroffenen ihre Niederschlag fänden. So seien besonders Kritik und Urteilsfähigkeit, die Antriebslage, die Stimmungslage und schließlich auch die Intelligenz davon betroffen. Das 'Persönlichkeitsgesamt' würde entdifferenziert und es komme zu einer Uniformierung der Süchtigen - sie würden sich im Verhalten gleichen wie abgeschliffene Kieselsteine in einem Flußbett (vgl. Täschner 1979, S.3).

Es steht viel geschrieben über soziale und psychische Ursachen von Drogen-Konsum und ebenso vieles über die sozialen und psychischen Schäden desselben. Die sozialen bzw. gesellschaftlichen Bedingungen des Konsums allerdings läßt diese Betrachtungsweise außer acht (vgl. Grimm 1985, S.108).

Auch wenn sie den vielfältigen öffentlich (-rechtlichen) Horrordarstellungen entspricht, so werden hier doch die sozialbedingten und pharmakologisch-bedingten Folgen und Schäden eines Heroin-Konsums in unzulässiger Weise vermengt, der Kausalzusammenhang zwischen Droge, Gesellschaft und individuellen Schäden sozusagen verdreht.

Denn diejenigen, die wir sehen (bzw. in den Massenmedien gezeigt bekommen), in den U-Bahnhöfen, den Toiletten, den Praxen und Kliniken der Psychiater, sind das Produkt einer Verfolgtenkarriere.

Menschen, "die wer weiß wie oft von ihren Eltern verstoßen und von der Polizei aufgegriffen, von Freiern benutzt und von Straßenhändlern mit unreinem Heroin betrogen, die in Zwangstherapien gedemütigt und noch in den Gefängnissen diskriminiert wurden, die sich jahrelang das unsterile Spritzbesteck mit anderen Süchtigen teilten und ihre Krankheiten nicht behandeln lassen konnten, weil sie weder versichert waren, noch sich zum Arzt überhaupt zu gehen trauten - menschlicher Abschaum, Ausstoß, vielfach an den Rand des Todes getriebene und in den Tod getriebene." (Scheerer 1986a, S.111)

Es muß einleuchten, daß eine solche kriminalisierungs-bedingte Situation ihre Spuren an Geist, Psyche, Moral und Körper eines Menschen hinterläßt. Diese Spuren bzw. Folgen der staatlich-repressiv-prohibitionistischen Heroin- und Drogen-Politik sollen von einer anderen Strategie derselben herrschenden Drogen-Politik - der *therapeutischen Kontrolle* - beseitigt werden. Damit beschäftigt sich das folgende Kapitel.

4. Die therapeutische Kontrolle

Eine detaillierte Darstellung und Analyse der Therapielandschaft in der Bundesrepublik ist im Rahmen dieser Arbeit nicht möglich. Trotzdem soll versucht werden, einen relativ umfassenden Einblick in die herrschenden Therapiepolitik zu geben.

Dazu ist es notwendig, zum einen auf die Voraussetzungen der therapeutischen Behandlung einzugehen (4.1. - 4.3.). Zum zweiten sollen die wichtigsten Therapieformen und ihre Erfolge mehr oder weniger kurz dargestellt werden (4.4.). Dabei wird auf Methadon-Programme an dieser Stelle nicht eingegangen werden, da sich diese Therapieform in der Bundesrepublik noch nicht etabliert hat. Die Überlegungen zu Methadon-Programmen werden im Zusammenhang einer repressionsvermindernden Drogen-Politik erfolgen.

4.1. Das Bild des Fixers als eines Kranken

Neben der Definition des Fixers als eines *Kriminellen*, wie sie mit den Straftatbeständen des BtMG gesetzt wird, gibt es auch noch die Definition des Fixers als eines *Kranken*.

Drogen-Konsum und -Abhängigkeit als Krankheit, diese Gleichsetzung ist in der herrschenden Drogen-Politik nahezu durchgängig: in medizinischer, psychiatrischer, aber auch sozialwissenschaftlicher Literatur, in den Medien und im Munde der verantwortlichen Politiker. Gerade auch Drogen-Experten, die Repression und Strafverfolgung als ein unangebrachtes Mittel ansehen, beharren auf dem Krankheitsbegriff (so z.B.: Grimm 1985, S.34 sowie Kemper 1980, S.61).

Der Krankheitsbegriff ist unmittelbar mit einem anderen Begriff verbunden, mit *Heilen* bzw. *Helfen*. Der Heroin-Konsument bzw. -Abhängige ist jemand, den man heilen kann bzw. jemand, den man zu heilen hat (vgl. Quensel 1982, S.163/164). Der Krankenstatus ist ein offizieller Grund, dem Konsumenten jede Entscheidungsfähigkeit, freiwillig auf den Gebrauch von Drogen verzichten zu können, abzusprechen. Die Weigerung des Drogen-Abhängigen, diese Krankenrolle anzuerkennen und therapeutische Hilfe anzunehmen, wird auf die fehlende Einsicht eines Kranken in seine Krankheit zurückgeführt (vgl. Sickinger 1983, S.285).

Die Uneinsichtigkeit des Kranken legitimiert sodann den sog. *Helfenden Zwang*, der nun als die einzige Möglichkeit der Rettung betrachtet wird. Verweigert der Patient die Kooperation in der Therapie oder scheitert er nach einigen Therapieversuchen, so erhält der Betroffene das Stigma *therapieresistent*. Dies bedeutet im medizinischen Sinne dann *unheilbar*, und der weitere Konsum wird wieder ausschließlich als *kriminell* bewertet (vgl. a.a.O., S.285). Denn für einen *Therapieresistenten* bleibt nur die ultima ratio - das Gefängnis.

So führt das dargestellte *pathologische Modell* zu einer weiteren Stigmatisierung der Konsumenten. Sowohl der Konsument als auch die Öffentlichkeit begreifen die Konsumenten stets von der Droge her - als *Fixer, Kranke, Therapieresistente, Kriminelle* und letztendlich als *Ehemalige* (vgl. Quensel 1985, S.118).

Neben der starken stigmatisierenden Wirkung scheint das pathologische Modell auch deswegen ungeeignet, vielleicht sogar schädlich, weil es die realen Lebensumstände (Kriminalisierung und dadurch bedingte Verelendung) sehr vernachlässigt (vgl. hierzu H.S. Becker 1981, S.4-6; Sickinger 1983, S.286; Leu 1984, S.137/138).
Dieses Modell sucht im Individuum - in der Persönlichkeitsstruktur - die psychologischen Störungen, das Kranke, das Unnormale und geht davon aus, daß drogenkonsumierendes Verhalten von 'normalem' Verhalten abweicht (vgl. Stein-Hilbers 1985, S.95/96; Böllinger 1987, S.49).

Und genau an diesem Punkt wird der doppelte moralische Boden der Drogen-Politik im Krankheitsmodell deutlich. Denn was unterscheidet das pure Konsumverhalten eines Fixers von dem Verhalten der vielen anderen Menschen, die 20 - 60 Zigaretten am Tag rauchen, mehrere Flaschen Bier oder Liter Kaffee trinken, die große Mengen Süßigkeiten konsumieren, mehrere Stunden täglich fernsehen oder jeden Abend Schlaftabletten einnehmen müssen, um überhaupt einschlafen zu können?

Stein-Hilbers bezeichnet solches Verhalten als die 'ritualisierte Lenkung von Gefühlen und Konfliktbewältigung'. Dazu können auch Handlungen wie Putzen, Einkaufen, Schlafen oder Musikhören gehören.

"Für die meisten Individuen scheint es Tätigkeiten und/oder Substanzen unterschiedlichster Art zu geben, die von ihnen eingesetzt werden, um
a) spezifische Stimmungen/Gefühlslagen zu erzeugen und/oder
b) emotionale Spannungen zu überdecken, zu verdrängen oder auch aufzulösen.
...Welcher Art diese Tätigkeiten/Substanzen sind, ist individuell verschieden und abhängig von lebensgeschichtlichen Erfahrungen, subkulturellen Gewohnheiten und nicht zuletzt dem Geschlecht. Nahezu jede Tätigkeit und jede Substanz kann in dieser Weise eingesetzt werden ... Der Konsum psychoaktiver Stoffe aller Art paßt sich in dieses Spektrum ein." (Stein-Hilbers 1985, S.100)

Es muß festgestellt werden, daß diese ritualisierten Handlungen, die Bestandteil des Alltagslebens sind, zu Dispositionen führen können, die im allgemeinen den sog. Drogenabhängigen zugeschrieben werden, wie etwa der Zwang zur kurzfristigen Befriedigung von Bedürfnissen, die Einengung von Wahrnehmungs- und Erlebnisvielfalt oder der Verhinderung persönlicher Kreativität und Aktivität (vgl. a.a.O., S.96).

Wenn aber ein solches Verhalten gesellschaftlich durchaus als 'normal' erscheint, dann ist es nicht einzusehen, warum ein solches Verhalten bzgl. *einer* Tätigkeit unter vielen anderen, nämlich des Drogen- bzw. Heroin-Konsums, als krank gelten soll. Vielmehr ist eine solche Selektion durchaus als willkürlich zu bezeichnen.

Krank im Sinne von körperlichen und psychischen Schäden werden Konsumenten, wie wir oben gesehen haben, erst durch die gesellschaftlichen Umstände, unter denen sie ihren Konsum tätigen müssen.

Auch einem funktionalistischen Verständnis von Krankheit, das die Erfüllung von sozialen Funktionen als Maßstab hat, kann, bezogen auf die Definition von Drogen-Konsum oder -Abhängigkeit als Krankheit, nicht zugestimmt werden. Denn die Annahme, daß Drogen-Konsumenten nahezu grundsätzlich unfähig sind zu arbeiten, Leistung zu erbringen, kreativ zu sein etc., ist nicht aufrechtzuerhalten. Dies belegen zum einen die klassischen Morphinisten, die teilweise ein ganzes Leben lang abhängig waren und gleichzeitig arbeits- und leistungsfähig ihrer Tätigkeit nachgehen konnten. Zum anderen gibt es auch heute etliche Konsumenten von Heroin, die im Arbeitsleben stehen und/oder anderen sozial-produktiven Tätigkeiten nachgehen (vgl. Schlender/Kaplan 1980, S.42 sowie Harding 1982, S.1222-1231). Und es gibt etliche, die durchaus *normal* leben könnten, wie andere auch, wären sie aufgrund des hohen Preises von Heroin nicht auf die illegale Beschaffung von Geld angewiesen (vgl. auch Quensel 1985, S.115).
Die Definition von Drogen-Konsum und -Abhängigkeit als krank begründet die Notwendigkeit von Behandlung. Entsprechend dieser Definition kann Behandlung bzw. Heilung in der herrschenden Drogen-Politik nur ein Ziel haben: 'Abstinenz'.

4.2. Abstinenz: Voraussetzung oder Ziel?

Wie wir unten sehen werden, gibt es in der Bundesrepublik eine Reihe von Therapieeinrichtungen für Heroin-Konsumenten und -Abhängige, die sich in einigen Aspekten unterscheiden. Eines jedoch scheint der oberste Grundsatz aller dieser Einrichtungen zu sein: die Abstinenz.

Dieser Grundsatz bezeichnet die Voraussetzung zur Aufnahme in eine Therapieeinrichtung, gilt stets als Regel für den Aufenthalt und ist das wichtigste Ziel der Therapie. Zudem ist die so beschriebene Abstinenzbehandlung die einzig offiziell zulässige bzw. anerkannte Behandlung in der Bundesrepublik - abgesehen von sehr wenigen neuen Modell-Einrichtungen zur Methadon-Behandlung. Dies führt dazu, daß nur eine einzige Methode der Therapie vorherrscht, eben die Abstinenzbehandlung. Schuller/Stöver sprechen in diesem Zusammenhang von einer 'therapeutischen Monokultur' und Grimm unterstreicht, daß es trotz vieler Wege in der Bundesrepublik, doch nur eine Methode zur Behandlung Opiatabhängiger gebe (vgl. Schuller/Stöver 1988, S.12; Grimm 1985, S.15).

Eine Pluralität in den Hilfsangeboten, die die unterschiedlichen Bedürfnisse und individuellen Voraussetzungen der Heroin-Konsumenten berücksichtigen könnte, wird damit blockiert. Hohe Abbrecherquoten dieser Maßnahmen drücken die Beschränkungen und mangelnde Akzeptanz dieser "Eine-Für-Alle-Therapieform" (Schuller/Stöver 1988, S.12) bei den Betroffenen aus. Akzeptierende Therapieformen, d.h. Therapien, in denen zumindest anfänglich ein Konsum akzeptiert wird oder in denen die Möglichkeit des sozialen Erlernens und Einübens des Umgangs mit diesen Substanzen besteht, gibt es in der Bundesrepublik nicht.

Heckmann geht in seiner Forderung soweit, Abstinenz als Ziel der Therapie auf alle Drogen zu beziehen, d.h. lebenslange totale Abstinenz zu fordern.

> *"Dabei wird zugleich auf eine Reintegration in die Normalgesellschaft verzichtet, sondern bewußt darauf orientiert, zumindest einen Teil der zukünftigen Existenz nicht so zu verbringen, wie dies gesellschaftlich durchschnittlich ist, also mit Alkoholkonsum beispielsweise."* (Heckmann 1982b, S.22)

Den Therapieeinrichtungen, die versuchen, eine akzeptierende Hilfe anzubieten oder zumindest den kontrollierten Umgang mit legalen Drogen einzuüben, wirft Heckmann vor, das Drogenproblem mittels Drogen lösen zu wollen. Etwas zu optimistisch stellt er fest, daß es keinen Grund zum Angebot von Drogen an Drogenabhängige gebe, solange es gelänge, auch diejenigen Abhängigen, die Ersatzdrogen als Therapie bevorzugten, von der besseren Möglichkeit eines drogenfreien Programms zu überzeugen (vgl. a.a.O., S.23). Daß dieses 'Überzeugen' eben nicht so hervorragend gelingt, wird weiter unten deutlich werden.

Festgehalten sei hier, daß das Bestehen auf Abstinenz eine therapeutische Monokultur bewirkt. Zudem wird mit der Voraussetzung der Abstinenz das eigentliche Therapieziel schon vorweggenommen. Das abstrakte Heilungsideal - Abstinenz - wird zur Voraussetzung lebenspraktischer Hilfen (vgl. Kappel/Scheerer 1980, S.49).

Dagegen wird die Utopie einer drogenfreien - total abstinenten - Gesellschaft als Ziel absolut gesetzt. Die Perspektive vieler Menschen, Drogen kontrolliert und möglicherweise auch in einem sinnvollen Zusammenhang zu gebrauchen, bleibt unberücksichtigt.

4.3. Leidensdruck, Motivation, Freiwilligkeit

Die Literatur ist sich weitgehend darüber einig, daß die Motivation von Opiat-Konsumenten, eine drogenfreie Therapie zu absolvieren, nicht sehr groß ist. Dies mag in der in 4.2. beschriebenen Monokultur der Behandlungsangebote begründet liegen, aber auch in dem in 4.4. zu beschreibenden Behandlungsstil dieser Maßnahmen[24].

Die Hauptfrage der herrschenden Drogen-, bzw. Therapie-Politik lautet daher, wie nicht-therapiewillige Heroin-Konsumenten und -Abhängige zu einer Abstinenzbehandlung zu motivieren sind. Als Antwort hierauf wird in der Regel das sog. *Leidensdruck-Modell* propagiert.

Das Leidensdruck-Modell geht von der Hypothese aus, daß mit der Art der 'Erkrankung' die Uneinsichtigkeit in die Behandlungsbedürftigkeit und daraus hervorgehend die mangelnde Motivation zur Therapie unlösbar verbunden ist (vgl. Grimm 1985, S.84). Es gilt daher, die Motivation auf eine besondere Weise herbeizuführen, zu verstärken und aufrechtzuerhalten.
Heckmann beschreibt den kalkulierten Mechanismus so:

---

[24] vgl. Grimm 1985,S.83-98; Stein-Hilbers 1980, S.23; Berger/Reuband/Widlizek 1980, S.126; Projektgruppe TUdrop 1984, S.316-320; u.a.

> *"Die Eltern geben kein Geld mehr, oder setzen ihr Kind vor die Tür, die Freunde wenden sich ab, der Arzt gibt keine Ersatzmittel mehr, die Polizei ermittelt, der Staatsanwalt erhebt Anklage, der Haftbefehl ist ausgestellt, der Lehrer, der Lehrmeister, der Pfarrer üben moralischen Druck aus, die Angst vor einer Überdosis oder Gelbsucht kommt hinzu."* (Heckmann 1982b, S.21)

Darüber hinaus glaubt Heckmann, daß auch die Untersuchungshaft einen Motivationsschub bewirken könne (vgl. a.a.O., S.21).

Grimm bezeichnet diese Strategie als das absichtliche Herbeiführen völliger Verlassenheit. Der Konsument solle an den Tiefpunkt seiner Drogenkarriere gebracht werden und schließlich als einzig verbleibenden Ausweg eine Abstinenzbehandlung 'freiwillig' wählen. Sein zukünftiger Abstinenz-Therapeut warte solange - gleichsam wie die Spinne im Netz - bis der hilflose Patient sich immer tiefer verstricke, mehr und mehr leide und anderen Leid zufüge und sich schließlich, weil ihm kein anderer Ausweg mehr bleibe, doch der (ohne den Leidensdruck ungewollten) Abstinenz-Behandlung zuwende (vgl. Grimm 1985, S.85).

Die Kriminalisierung und ihre oben beschriebenen zerstörerischen Folgen werden damit quasi zur Voraussetzung dieses Leidensdrucks. Die Auswirkungen treffen nicht nur die Konsumenten, sondern in Form von finanziellen Belastungen (z.B. Finanzierung eines riesigen Strafverfolgungsapparates) und sozialen Kosten (z.B. Beschaffungskriminalität, Verelendung) auch die restliche Gesellschaft.

Zudem verhindert das Leidensdruck-Modell eine freiwillige Mitarbeit an einer Therapie, die allgemein als *die* Voraussetzung für einen Erfolg betrachtet wird[25].

---

[25] vgl. Heckmann 1982b, S.20; Grimm 1985, S.88/89; Schneider 1982, S.160; Dammann/-Scheerer 1985, S.90; Sickinger 1983, S.284; Quensel 1985, S.122/123; Soltau 1982, S.224; Schlender 1982, S.237; Böllinger 1987, S.39 sowie S.52.

Das Leidensdruck-Modell wirkt nicht nur vor der Therapieaufnahme, sondern auch während des gesamten Verlaufs der Therapie. Der staatliche Strafanspruch wird nicht nur als (*heilsamer*) Zwang zur Therapieaufnahme gesehen, sondern viele Therapeuten gebrauchen z.B. eine Strafaussetzung zur Bewährung mit Therapieauflage auch als Druckmittel innerhalb der Therapie als Motivationserhaltung. Bricht ein Klient, der eine Bewährungsstrafe mit Therapieauflage erhalten hat, die Therapie ab, so muß - der Therapeut dies dem Gericht melden. Die Folge ist eine erneute Festnahme und der Widerruf der Bewährung (vgl. Dammann/Scheerer 1985, S.85 sowie Kühne 1984, S.381).

Dadurch wird auch das Therapeut-Klienten-Verhältnis, das nicht mehr der klassischen Therapeut-Klient-Beziehung entspricht, sondern über Strafandrohung als 'Vermittler' zwischen zwei persönlich nicht interessierten Partnern zustande kommt, von gegenseitigem Mißtrauen belastet (vgl. Dammann/Scheerer 1985, S.86).

Der Heroin-Konsument trifft somit alle seine Entscheidungen - eine Therapie betreffend - in einer Atmosphäre der Unfreiheit. Hinter seiner Entscheidung, eine Abstinenz-Therapie anzutreten, steht immer der erzeugte Leidensdruck durch Repression, durch Kriminalisierung und den damit verbundenen sozialen, aber auch psychischen und physischen Folgeschäden. Über ein Abbrechen oder Fortführen einer aufgenommenen Therapie entscheidet er immer vor dem Hintergrund einer erneuten Strafverfolgung, eines Widerrufs der Bewährung, eines fortgesetzten Leidens auf der Szene und/oder einer erneuten Stigmatisierung als 'Abbrecher oder Rückfälliger'. Mit erhobenem Zeigefinger stehen Richter, Staatsanwälte, Therapeuten, oft auch Eltern und Freunde hinter ihm und predigen (meist aus purer Hilflosigkeit) das *Und-Bist-Du-Nicht-Willig-So-Brauch-Ich-Gewalt*.

Der von Dammann/Scheerer benutzte Begriff der repressiven Kriminalpsychologie trifft die Idee des Leidensdruck-Gedanken im Kern (vgl. a.a.O., S.91).

4.4. Die Therapie-Einrichtungen und ihr Erfolg

4.4.1. Selbstheilung (*maturing out*)

Auch wenn Selbstheilung im wesentlichen eine Eigenleistung des Betroffenen ist und nicht als Erfolg einer Therapie-Einrichtung gelten kann, so soll doch auch auf dieses Phänomen hier eingegangen werden, da das Ausmaß dieser 'Heilungsmethode' nicht unerheblich ist.

Nahezu jeder Opiat-Abhängige führt im Laufe seines Konsums einen oder mehrere *Selbstentzüge* durch, die häufig - ohne offiziell anerkannte Hilfen - erfolgreich verlaufen. Obwohl viele recht bald einen sog. 'Rückfall' erleiden, gelingt es nicht wenigen Abhängigen nach mehreren Versuchen, dauerhaft entzogen (clean) zu bleiben (vgl. Grimm 1985, S.20; Quensel 1985, S.122; Berger/Reuband/Widlizek 1980, S.127).

Dieses Phänomen wird als *maturing out* bzw. auch Herauswachsen oder Herausreifen aus der Sucht bezeichnet (auch *Ausfixen*).

Als Gründe für solch einen professionell nicht unterstützten Entzug können möglicherweise identitätsstiftende Momente angesehen werden, die außerhalb der 'Junkie-Identität' liegen, etwa die der werdenden Mutterschaft, des erlernten Berufs, der Mitgliedschaft in gläubig oder kämpferisch eingestellten Gemeinschaften etc. (vgl. Quensel 1982, S.155; Projektgruppe TUdrop 1984, S.401 sowie Gekeler 1982, S.150-155).

Viele Kosumenten und Abhängige geben bei einem geänderten sozialen Kontext den Heroin-Gebrauch auf, was beispielsweise für über 90% der in Vietnam von Heroin abhängig gewordenen Kriegsveteranen nach ihrer Rückkehr in die USA zutraf (vgl. z.B. Quensel 1985, S.122).

Aber auch in der Bundesrepublik gibt es eine große Zahl von Entzügen, die ohne professionelle Hilfen unternommen werden. So kommen Stoeckert/Middendorf u.a. zu dem Ergebnis, daß 20% der von ihnen untersuchten Opiat-Abhängigen zum Zeitpunkt der Befragung opiatfrei gewesen seien, ohne daß diese Personen eine systematische Hilfe erfahren hätten (vgl. Stoeckert/Middendorf 1977, S.170; Bossong, S.35). Die Projektgruppe TUdrop stellt bei einer Befragung von 420 Heroin-Abhängigen fest, daß von 1.118 Entzugsphasen (mit einer Mindestdauer von zwei Wochen) 274 Entzüge, also 24,5% ohne professionelle Hilfe oder den Zwang einer Inhaftierung zustande kamen (vgl. Projektgruppe TUdrop 1984, S.327-340).

Geht man von diesen Untersuchungen aus, so ergibt sich ein Anteil von mindestens 20 - 25% Selbstheilungen[26]. Auch wenn diese Ergebnisse in bezug auf die Gesamtpopulation noch mit einem relativen Unsicherheitsfaktor behaftet sind, so können sie doch als ein vorläufiger Anhaltspunkt dienen.

4.4.2. Drogenberatungsstellen

Drogenberatungsstellen sind als Anlaufstellen für Hilfesuchende gedacht. 'Leichtere Fälle' können hier, meist auf freiwilliger Basis, ambulant betreut werden. Das Vertrauen der Betroffenen in die Fähigkeiten der Beratungsstellen zu wirksamer Hilfeleistung scheint allerdings gering. Die Zahl derer, die nach dem ersten Besuch einer Beratungsstelle nicht wiederkommen, ist nahezu ebenso hoch, wie die Zahl derjenigen, die zwei oder mehrmals kommen. Um das statistische Bild nicht allzu schlecht aussehen zu lassen, zählen die Beratungsstellen, die vom Max-Planck-Institut für Psychiatrie (München) im Rahmen des sog. 'psychosozialen Anschlußprogramms' erforscht werden, von vornherein auf ihren Karteikarten als Klienten nur solche, die mindestens ein zweites Mal kommen[27].

---

[26]vgl. hierzu auch Stein-Hilbers 1980, S.24; Grimm 1985, S.39; Quensel 1982, S.155; Böllinger 1987, S.31/32; Berger/Reuband/Widlizek 1980, S.126/127

[27]Auch die 218 Beratungsstellen (hier: einschließlich der Beratung für Alkoholiker), die im Rahmen des *einrichtungsbezogenen Informationssystems* (EBIS) vom Max-Planck-Institut München statistisch untersucht wurden, "leiden unter deutlichem Schwund von drogenabhängigen Klienten, obwohl die Statistik insgesamt einen Zuwachs an Beratungsfällen aufweist. Dies ist sicher auf ihre Kriminalisierung und die Kontrollfunktion der DROBS (Drogenberatungsstellen, H.S.-S.) zurückzuführen." (Böllinger 1987, S.41/42; vgl. auch Bossong 1983, S.29)

1980 wurden rund 1.900 Konsumenten erfaßt. Rechnet man diese Zahl auf die geschätzte Gesamtpopulation von 50.000 bis 90.000 Fixern um, so erhält man eine Präsenz von 3,8% (bei N=50.000) bzw. 2,1% (bei N=90.000) aller Fixer in den Beratungsstellen. 52% von ihnen brachen die ambulanten Maßnahmen früher oder später ab und lediglich 14% beendeten die Maßnahmen der Beratungsstellen 'planmäßig' (vgl. Bossong 1983, S.29-37 sowie Grimm 1985, S.55-57).

Bossong berechnet daraus eine Erfolgsquote von 0,5% (bei N=50.000) bzw. 0,3% (bei N=90.000) bezogen auf die Gesamtpopulation. Da nicht alle Beratungsstellen im psychosozialen Anschlußprogramm erfaßt sind, addiert er eine 'Dunkelzifferquote' von 100% hinzu und kommt so zu einer Erfolgsquote von 1% (bei N=50.000) bzw. 0,6% (bei N=90.000)[28].

Allerdings bezeichnen sowohl Bossong als auch Grimm die Erfolgskategorie 'planmäßig' als ungenau, da 'planmäßig' als eine "Veränderung in Hinsicht auf die Hauptsymptomatik im Sinne einer Verbesserung" (Bossong 1983, S.37) gemeint sei[29].

Während Bossong optimistisch an einer Erfolgsquote von 1% bzw. 0,6% festhält, urteilt Grimm pessimistisch, daß die Erfolgsquote wohl noch unter den - ausschließlich auf das Material des psychosozialen Anschlußprogramms gestützten - 0,5% bzw. 0,3% liege. Das vernichtende Fazit von Grimm, der auch noch einen Teil der Drogentoten den Beratungsstellen anlastet, lautet: "Insgesamt gesehen scha-

---

[28] Bossong begründet den Zuschlag von 100% damit, daß nicht wesentlich mehr Beratungsstellen ambulante Maßnahmen ergreifen würden, als die im psychosozialen Anschlußprogramm erfaßten. Auch wenn das vom Bundesministerium für Jugend, Familie und Gesundheit herausgegebene Adressenverzeichnis "Drogenberatung - wo?" eine größere Zahl an Beratungsstellen ausweise, so hätte sich doch bei näherer Betrachtung ergeben, daß es weit weniger Beratungsstellen mit ambulanten Maßnahmen gebe. In Bremen sei das Verhältnis von aufgeführten zu tatsächlichen Beratungsstellen, die ambulante Maßnahmen ergreifen 9:1, in Hamburg 10:1, in Köln 7:2 und in Frankfurt 8:2. "Beratungsstellen in kleineren Ortschaften scheinen generell keine ambulanten Behandlungsmaßnahmen für Fixer anzubieten, sondern diese durchweg an stationäre Einrichtungen weiterzuvermitteln." (Bossong 1983, S.29/30)

[29] Scheerer 1982b, S.234: "Bei einer strengeren Erfolgsdefinition würde die Erfolgsquote näher gegen 0,1% tendieren."

den die Drogenberatungsstellen mehr, als sie nützen." (Grimm 1985, S.57).

Auch wenn hier der radikale Standpunkt Grimms nicht geteilt wird, so ist doch festzustellen, daß selbst die mit großem Optimismus von Bossong konstatierten Erfolgsquoten (bei ambulanten Behandlungen) von 1% bzw. 0,6% keinen besonderen Erfolg belegen.

Eine weitere Aufgabe der Beratungsstellen, vor allem auch derer, die keine ambulanten Maßnahmen ergreifen können oder wollen, ist die Weitervermittlung in Stationäre Therapien. Auch hier konstatiert Grimm, daß die Beratungsstellen den Bedürfnissen der Ratsuchenden nicht im entferntesten gerecht werden. Gestützt wird diese These von der Projektgruppe TUdrop:

"Die Vielfalt der anzuratenden Maßnahmen war nach den Berichten unserer Interview-Partner gering; die Beratung erscheint ihnen 1981 als Zubringerdienst zu Einrichtungen der Langzeittherapie." (Projektgruppe TUdrop 1984, S.402)

4.4.3. Langzeittherapien und Therapeutische Wohngemeinschaften

Langzeittherapien sind für viele Heroinkonsumenten die einzige Alternative zu einer Haftstrafe. Böllinger setzt die Zahl derer, die aufgrund strafrechtlichen Zwangs eine solche Therapie beginnen, auf 70% und mehr. Quensel nennt eine Zahl von 50 - 80%, und Sikkinger beziffert 60 - 70% (vgl. Böllinger 1987, S.41; Quensel 1982, S.171; Sickinger 1983, S.284).

Der Gesetzgeber hat in § 36 BtmG festgelegt, daß solche Langzeit-Einrichtungen, die staatlich anerkannt sein wollen, sicherzustellen haben, daß die freie Gestaltung der Lebensführung erheblichen Beschränkungen unterliegen muß. Zumindest in der Erfüllung dieser Forderung scheinen die Langzeittherapien erfolgreich zu sein.

Die bürgerlichen Rechte werden in einem Maß eingeschränkt, daß selbst ein Gefängnisinsasse mehr Rechte besitzt.

4.4.3.1. Die Aufnahme

Die Aufnahme in eine solche Langzeit-Therapie ist meist geprägt von etlichen Initiationsritualen und Demütigungen. Die Aufnahmegespräche ähneln Verhören, in denen sich der Klient erniedrigen und offenbaren muß, um aufgenommen zu werden. Bei daytop, einer der größten Therapie-Einrichtungen der Bundesrepublik, muß sich der Neue am Schluß des Aufnahmerituals durch die Beine der Anwesenden drängen und soll damit seine zweite Geburt symbolisieren.

Meist muß der Betroffene seine ganzen persönlichen Sachen (Kleidung, Schmuck etc.) abgeben, oft erfolgt auch ein radikaler Haarschnitt (z.B. in den Wohngemeinschaften der Drogenhilfe Tübingen und Bremen; vgl. Grimm 1985, S.25)[30].

In den ersten drei Monaten des Aufenthalts darf der Betroffene keinen Besuch erhalten, keine Post schreiben oder bekommen, kein Radio hören und nicht fernsehen. Erst recht darf er die Anstalt nicht verlassen. Da hat ein Gefangener es schon 'besser'. Er darf Briefe schreiben und bekommen, darf begrenzt telefonieren, darf Radio hören und fernsehen und es steht ihm mindestens eine Stunde Besuch monatlich zu. Dies sind Gründe, aus denen Heroinkonsumenten den 'Knast' der Therapie oft vorziehen[31].

In einigen Einrichtungen kann diese Isolation nach außen auch über drei Monate hinausgehen (vgl. Dammann/Scheerer 1985, S.81/82; Grimm 1985, S.21).

---

[30]Goffman rechnet solche Prozeduren zu den Merkmalen *totaler Institutionen*, (vgl. Goffman 1973, S.26/27 sowie Grimm 1985, S.22-26; Projektgruppe TUdrop 1984, S.316-320; Müller/Schuller/Tschesche 1983, S.59-61).

[31]Bericht eines Klienten in Langzeittherapie: "Dann haste drei Monate Kontaktsperre, darfst nicht schreiben, nicht telefonieren, darfst nicht aus dem Haus raus, gar nichts, bist praktisch gefangen. Ich kann nicht gefangen sein. Das ist ganz fürchterlich. Wenn ich wenigstens mal einen Brief bekommen hätte oder einen Anruf. Wenn ich wenigstens mal aus dem Haus rausgekommen wäre - aber drei Monate überhaupt nichts. Da kann ich mich in den Knast setzen, da darf ich wenigstens einen Brief schreiben." (Dammann/Scheerer, S.82; vgl. hierzu auch Inowlocki/Mai, S.272-277).

4.4.3.2. Arbeit und Ausbildung

Einen großen Teil seiner Zeit verbringt der Betroffene mit unbezahlten Dienstleistungen für die Einrichtung. In der ersten Phase werden die Klienten vorwiegend zum Putz-, Koch- und Waschdienst, zu Garten- und Renovierungsarbeiten eingeteilt (vgl. Bossong 1983, S.30/31; Böllinger 1987, S.44/45).

Die häufig als 'Arbeitstherapie' bezeichneten Arbeiten sind fast immer an den Erfordernissen der Einrichtung orientiert. Dammann/Scheerer stellen fest, daß sich viele Therapieunternehmen auf alte Herrenhäuser, Villen oder Burgen spezialisiert hätten, die ohne die unbezahlte Arbeit der Klienten gar nicht finanzierbar wären. Sie konstatieren die Ausbeutung der Klienten, die in unbezahlter Arbeit Werte schafften, die von den Einrichtungen (z.B. im Rahmen von Kaufverhandlungen) mit Hunderttausenden von DM angesetzt würden (vgl. Dammann/Scheerer 1985, S.82/83).

Auch die Ausbildungsmöglichkeiten sind, wenn vorhanden, sehr gering. Hier haben z.B. die Gefängnisse aufgrund ihrer Größe meist ein besseres Angebot aufzuweisen als die Therapie-Einrichtungen. Zudem wird die Arbeit im Gefängnis bezahlt, wenn auch nicht sehr hoch (vgl. a.a.O., S.82-84).

4.4.3.3. Freizeit und Sexualität

Der Tagesablauf ist durch einen fest strukturierten Tagesplan geregelt. Ein Therapeut der Drogenhilfe Tübingen schildert:

> "Er (der Klient, H.S.-S.) wird in einen festen Rahmen gepreßt, wo er überhaupt keinen Spielraum hat. Er bekommt einen festen Tagesablauf vorgeschrieben: Er kann nicht aufstehen, wann er will. Er kann nicht Freizeit machen, wie er will." (In: Dammann/Scheerer 1985, S.84)

Auch hier besteht der Gegensatz zum Gefängnis, bei dem wenigstens der Anspruch besteht, Freizeit als Gegengewicht zum völlig geregelten Tagesablauf anzusehen (vgl. Scheerer 1982b, S.244).

Auch die Sexualität wird reglementiert und in den ersten drei Monaten auch innerhalb der Einrichtung gänzlich untersagt. Später entscheiden Therapeuten und/oder die Gruppe über die Möglichkeiten einer Intimbeziehung. Dies bleibt aber Privileg und damit Disziplinierungsmittel - die Erlaubnis kann jederzeit zurückgezogen werden (vgl. a.a.O., S.244/245).

So werden Sexualität und Zärtlichkeit zum Privileg und können damit zu Disziplinierung mißbraucht werden, wie auch die meisten anderen *erlaubten* Dinge.

4.4.3.4. Privilegien, Disziplinierung und Hierarchie

Mit der "Notwendigkeit eines kontrollierten sukzessiven Reifungsprozesses des Klienten" (Grimm 1985, S.26) wird eine Organisationsstruktur begründet, die eine abgestufte Zunahme an Freiheiten, Privilegien, Status und Verantwortung vorsieht.
Der Therapie-Neuling erhält, neben den beschriebenen Beschränkungen, das schlechteste Zimmer und bekommt die niedrigsten Arbeiten zugewiesen. Dies ist die unterste Stufe der Hierarchie. Er wird von den Therapeuten und den älteren Klienten kontrolliert und kritisiert. Dieses System der Kontrolle setzt sich auch durch die nächst höheren Stufen fort. Die Weiterstufung muß vom Klienten (z.B. bei Daytop und der Therapiekette Niedersachsen) schriftlich beantragt werden. In einer ritualisierten Kritik-Selbstkritik-Versammlung wird von den älteren Klienten und den Mitarbeitern über seine 'Beförderung' entschieden. Wird dem Antrag stattgegeben, erhält der Betroffene in der folgenden Stufe eine Zunahme an Bewegungsfreiheit und Privilegien. Zudem ist er nun für die Kontrolle der unteren Stufe verantwortlich.

> *"Er ist nicht mehr hinters Licht zu führen und kann eventuelle Schliche leicht aufdecken."* (a.a.O., s.27)

Verstöße gegen die Ordnung werden hart bestraft und können zu 'Degradierung' oder Entzug einzelner Privilegien bis hin zum Ausschluß aus der Therapie führen[32].

Unter solchen Bedingungen ist das Interesse der Klienten in erster Linie auf das Überstehen der Therapie gerichtet, auf Umgehen von Sanktionen und auf das Erlangen oder Erhalten von Privilegien in einer diesbezüglich unsicheren Umwelt (vgl. Goffmann 1973, S.56/57; Grimm 1985, S.26; Müller/Schuller/Tschesche 1983, S.66). Das Mißtrauen, das dem Konsumenten auf der Szene anerzogen wurde, wird in einer Atmosphäre der totalen Kontrolle eher verfestigt als beseitigt.

Grimm zieht an dieser Stelle den Vergleich zu Konzentrationslagern und politischen Umerziehungslagern. Auch wenn man annehmen sollte, daß ein solcher Vergleich die genannten Lager verharmlost, so muß doch festgestellt werden, daß, orientiert man sich an den Kriterien von Goffmann, solch eine Ausgestaltung von Therapie die Merkmale *totaler Institutionen* trägt (vgl. Goffmann 1973, S.13-123 sowie Grimm 1985, S.26).

Nimmt man nun an dieser Stelle Heckmann ernst, der bei den Therapie-Einrichtungen eine Tendenz zum uniformen Charakter der Langzeittherapie erkennt, der einerseits durch den allgemeinen Erfolgsdruck und andererseits durch den normierenden Druck der Kostenträger zustande komme (vgl. Heckmann 1982b, S.12), dann muß man davon ausgehen, daß Langzeittherapien in der Bundesrepublik, zumindest die staatlich anerkannten, totale Institutionen sind.

---

[32]Bei Klienten, die nur unter der Voraussetzung, eine Therapie zu machen, eine Bewährungsstrafe erhalten haben, bedeutet der Ausschluß, daß das Gericht nun die Bewährung widerrufen wird. Ein Ausschluß aus der Therapie ist damit ein sehr starkes Disziplinierungsinstrument, zumal die Einrichtungen verpflichtet sind, dieses der Justiz zu melden.

4.4.3.5. Die Erfolglosigkeit der Langzeittherapien

Die Zahl der stationären Behandlungsplätze in der Bundesrepublik beträgt insgesamt rund 2.000. Ausgehend von einer Fixerzahl von 50.000 - 90.000 stehen demnach bei N=50.000 ca. 4%, bei N=90.000 ca. 2,22% aller Fixer ein Therapieplatz zur Verfügung (vgl. Bossong 1983, S.30).

Die Abbrecherquote wird allgemein mit rund 50% angegeben. Ca. 30% der Behandelten gelten als erfolgreich behandelt und leben über einen längeren Zeitraum drogenfrei und sozial integriert. Bezogen auf die Gesamtpopulation, errechnet sich somit eine Erfolgsquote von 1,2% (bei N=50.000) bzw. 0,66% (bei N=90.000)[33].

Die Gründe dieser relativ niedrigen Erfolgsquote liegen zum einen im zwanghaften Charakter der Therapieaufnahme (Therapie als Alternative zu Haft sowie physisch, psychisch und sozial zerstörerischen Bedingungen einer repressiven kriminalisierenden Drogen-Politik, d.h. Leidensdruck), zum anderen aber auch am autoritären Stil mancher Einrichtungen (vgl. Berger/Reuband/Widlizek 1980, S.126 sowie Projektgruppe TUdrop 1984, S.316-320).

Ein weiterer Grund, der diejenigen abschreckt, die weder gerichtlich belangt noch als drogenabhängig überhaupt bekannt geworden sind, ist das Stigma des Drogenabhängigen. Für diese 'Heimlichen' kann die Registration bei staatlichen Stellen oder Ärzten durchaus die Gefahr mit sich bringen, daß die schwer gehütete Doppelidentität den Blicken der Öffentlichkeit preisgegeben wird (vgl. Schlender/Kaplan, S.42). Dies kann schwerwiegende Auswirkungen auf Beruf, Status und soziale Beziehungen außerhalb der Szene haben.

Es kann demnach festgestellt werden, daß die Erfolge der Langzeittherapien nicht sonderlich groß sind. Dies ist als Folge der therapeutischen Ausgestaltung der Einrichtungen zu verstehen, aber auch als die Folge einer repressiven Drogen-Politik, die eine wirklich frei-

---

[33]vgl. Bossong 1983, S.30/31; Scheerer 1982b, S.234; Stein-Hilbers 1980, S.22; Aids--Forum 1988, S.96-98; Grimm 1985, S.60

willige Entscheidung zur Therapie nicht entstehen läßt, sondern eine Therapiebereitschaft in erster Linie mit Repression und Leidensdruck erzwingen will.

4.4.4. Maßregelvollzug

Maßregelvollzugsanstalten sind geschlossene und speziell gesicherte Anstalten, in die Drogenkonsumenten nach § 64 StGB, § 93a JGG oder § 126 StPO zwangsweise eingewiesen werden können. So findet man in diesen Anstalten keinen, der freiwillig die hier zu absolvierende Therapie aufgenommen hat.

Maßregelvollzug wird entweder in Psychiatrischen Landeskrankenhäusern, die teilweise eigens eingerichtete Drogenstationen aufweisen, oder in speziellen Maßregelvollzugsanstalten, wie etwa Parsberg in Bayern oder Brauel bei Bremen, durchgeführt (vgl. B.Becker 1982, S.196-199; Grimm 1985, S.34-37; Graalmann 1982, S.50-56).

Das Konzept der Behandlung ähnelt aufgrund der hierarchischen Patientenstruktur und einem fast auf gleiche Weise funktionierenden Privilegiensystem den 'freien' Langzeittherapien. Die Patienten werden zunächst in 'Einzelzimmer' mit ständiger Bewachungs- und Kontrollmöglichkeit untergebracht. Die Türen sind nur von außen verschließbar, das Gelände ist umzäunt (vgl. Schaaber 1982, S.71).

Sowohl B. Becker als auch Quensel sehen unter diesen Bedingungen die Gefahr der Prisionierung bzw. Hospitalisierung, da sich der Klient auf das Privilegien- und Sanktionssystem einstellt und sein Leben weitgehend an diesen Gegebenheiten orientiert. Dies Phänomen betrifft allerdings nicht ausschließlich den Maßregelvollzug, sondern auch die o.g. Langzeittherapien sowie alle totalen Institutionen (vgl. Quensel 1985, S.158 sowie B.Becker 1982, S.195).

"Natürlich wird der Prozeß verstärkt, wenn ich unter Zwang, unter dem vorrangigen Aspekt der Sicherheit und Ordnung in großen bürokratischen Einheiten behandeln will; dieser Prozeß entsteht aber auch dann, wenn ich ein therapeutisches Klima

> *erreiche, eine therapeutische Gemeinschaft oder so optimale Behandlungsbedingungen, wie ich sie in der Anfangszeit in der Maßregelanstalt Brauel vorfand, in die die geflohenen Insassen angeblich freiwillig zurückkehrten ... weil sie draußen nicht mehr überleben konnten"* (Quensel 1985, S.158/159)

Das Hauptziel der Behandlung im Maßregelvollzug ist die Motivierung der Klienten zur Therapie. Das stärkste Druckmittel wird hierbei in einer Zurückverlegung in den Strafvollzug gesehen. Dies soll zur verstärkten Disziplinierung des Betroffenen beitragen, um so seine Motivation zu einer erneuten Therapieaufnahme zu erhöhen (vgl. B.Becker 1982, S.206).

Daneben ist auch fragwürdig, inwieweit im Maßregelvollzug das allseits propagierte Ziel der Resozialisierung noch Bestand hat. B. Becker stellt in fast diskriminierender Weise fest:

> *"Wenn man seiner Zeit als therapeutisches Ziel eine Wiedereingliederung der Giftsüchtigen anstrebte, sollte man heute von einer Eingliederung des Drogenabhängigen in die Gesellschaft sprechen."* (a.a.O., S.195)

So werden die Betroffenen auf die Stufe von Kleinkindern gestellt und als Menschen gesehen, die noch nie vollwertige Gesellschaftsmitglieder waren, um sie im eigenen Sinne zu erziehen, zu sozialisieren und einzugliedern.

Der therapeutische Erfolg läßt sich nur schwer beurteilen. Grimm macht Bedenken deutlich hinsichtlich der hochgradig unfreien Fragesituation bei ehemals zwangsbehandelten Drogenkonsumenten unter den derzeitigen drogenpolitischen Gegebenheiten.[34]

Vor dem Hintergrund der angegebenen Vorbehalte sollen dennoch

---

[34]"... Diese Überlegungen führen zwingend zu dem Schluß, daß jede auf derartigen Antworten der Drogenabhängigen aufgebaute Berechnung wertlos ist." (Grimm 1985, S.63) Vgl. hierzu auch Quensel, Stefan: Bemerkungen zur Arbeit: Katamnese bei jugendlichen Opiatabhängigen von C.D. Kurz. In: Nervenarzt 53/1983, S.421 (länger zit. bei Grimm, S.63/64)

exemplarisch einige Ergebnisse der Fachklinik Brauel angeführt werden.

Melchinger setzt zunächst für seine Katamnesepopulation eine Mindestbehandlungsdauer von neun Monaten fest, d.h. alle die vorher abbrechen oder in den Strafvollzug zurückverlegt werden, sind nicht berücksichtigt. Diese 'Schwundquote' beträgt 56%, d.h. nur 44% aller Behandelten werden überhaupt auf Erfolg untersucht (vgl. Melchinger 1986, S.47/48).

Von diesen 44% sind 32% als Erfolg, 24% als 'Teilerfolg' und 44% als rückfällig zu bewerten (a.a.O., S.2). Rechnet man diese Zahlen auf alle in Brauel Eingewiesenen um, so erhält man 14% Erfolge, 10,6% Teilerfolge und (19,4% plus 56% Schwundquote) 75,4% Mißerfolge.

Nimmt man an, daß Grimm mit seinen Einwendungen auch nur teilweise recht hat, dürfte die Erfolgsbilanz noch erheblich schlechter aussehen.[35]

4.4.5. Strafvollzug

Gefängnisse sind wohl die Institutionen, in denen sich im Vergleich zu anderen Einrichtungen die meisten Drogenkonsumenten aufhal-

---

[35] Quensel (1985, S.157/158) belegt dies auch mit Erfahrungen aus dem Ausland: "Aus den USA, in denen die beiden bekannten Maßregelanstalten, Fort Worth und Lexington, in den 70er Jahren endgültig geschlossen bzw. in 'normale Gefängnisse' umgewandelt wurden, nachdem sich ihr fast 100%er Mißerfolg herausgestellt hatte. Auch für Canada stellt der bekannte Le-Dain-Report fest, daß das dortige Matsqui Experiment gescheitert ist, in dem unter kontrollierten Bedingungen die behandelte Gruppe bei der Nachuntersuchung keineswegs einen größeren Anteil drogenfreier Klienten aufwies, wohl aber geschickter und überzeugender dealen konnte als die nicht behandelte Gruppe.
Beleg hierfür ist auch das miserable Resultat der Nachuntersuchung der bundesrepublikanischen Maßregelanstalt Merxhausen, die inzwischen auch geschlossen wurde, sowie die äußerst skeptische Beurteilung aller unserer Sonderabteilungen in den Strafanstalten, die in den meisten Fällen inzwischen ebenfalls ihrer Eigenschaft als Behandlungsabteilung aufgelöst wurden.
Diese drogenspezifischen Erfahrungen entsprechen übrigens der allgemeinen, man möchte fast sagen, weltweiten Einsicht, daß im Bereich der Kriminalität Gefängnisse und andere geschlossene Einrichtungen für eine Behandlung nicht taugen und daß im Bereich der Psychiatrie die Zeit der geschlossenen Institution so kurz wie möglich zu halten ist, sofern es nicht gelingt, ganz auf sie zu verzichten."

ten. Nach Sickinger sind z.B. in hessischen Haftanstalten 35 - 38% der männlichen und 45 - 68% der weiblichen Inhaftierten drogenabhängig. Kindermann schätzt für Berlin, daß sich ständig 15% aller Berliner Opiatabhängigen im Justizvollzug befinden[36].
Nun zählt der Strafvollzug eigentlich nicht zu den Drogen-Therapie-Einrichtungen, auch wenn einige wenige Anstalten sog. Drogenabteilungen eingerichtet haben, die sich aber nur unwesentlich vom sog. Normalvollzug unterscheiden. Aufgrund der hohen Zahl von Drogenabhängigen im Strafvollzug und dessen propagiertem Resozialisierungs- und Behandlungsanspruch soll auch diese 'Behandlungsform' hier vorgestellt werden.

Neben den üblichen Problemen im Strafvollzug[37] sehen sich Drogenabhängige darüber hinaus dem Problem ihrer Abhängigkeit bzw. der Beschaffung der Droge ausgesetzt.

Die Kontrolle und Überwachung im Gefängnis ist um ein Vielfaches höher. Dies kann allerdings nicht verhindern, daß Drogen in fast beliebigen Mengen auch innerhalb des Gefängnisses zu erwerben sind. Inzwischen existieren in quasi allen Anstalten sog. Knastszenen, welche es den Betroffenen ermöglichen, sich jederzeit mit Drogen versorgen zu können (vgl. Graalmann 1981, S.86/87).

Beschaffung und Konsument der Droge unterliegen im Gefängnis ähnlichen Mechanismen wie außerhalb der Mauern, aber in verschärfter Form. Die Kontrolle ist größer, die Beschaffung schwieriger und damit der Preis entsprechend höher. Auch und gerade im Gefängnis ist der Konsument auf illegalen 'Knast-Handel', Zubringer- und Handlanger-Dienste, Prostitution etc. angewiesen, um seinen Konsum zu finanzieren (vgl. a.a.O., S.88).

Unter diesen Bedingungen lernt der Betroffene in erster Linie

---

[36] vgl. Sickinger 1983, S.284; Kindermann 1979, S.219; Graalmann 1981, S.174; Soltau 1982, S.214 Quensel 1982, S.174; Stein-Hilbers 1980, S.21; Grimm 1985, S.14; Schlender 1982, S.227; Ortner 1983, S.71; Scheerer 1985b, S.47/48.

[37] vgl. Ortner 1983, S.47-185; Staiber 1978, S.47-66; Schlender 1982, S.228/229; sowie Ortner 1988 und Dürkop/Hartmann 1978.

seine 'kriminellen Fähigkeiten' zu perfektionieren und sich an das vorgegebene System anzupassen. Durch die Künstlichkeit des Milieus und die soziale Absonderung der Anstalten werden die Betroffenen mit den sozialen Umweltbedingungen nicht konfrontiert. Dies verhindert die Entwicklung von Eigenständigkeit, da die Bewältigung von Problemen in Freiheit hinter Mauern nicht vermittelt werden kann. Der Klient wird eigentlich mehr entsozialisiert als resozialisiert, da ein Anschluß an gesellschaftliche Verhältnisse und Entwicklungen verhindert wird[38].

Der durch den Strafvollzug unter anderem beabsichtigte Leidensdruck ist so vorwiegend durch die Bedingungen der Institution bestimmt. Die Hilfe, die der Betroffene unter solchen Umständen vom Therapeuten erwartet, ist daher meist nicht Hilfestellung beim Problem der Sucht, sondern bei der Erleichterung der Haftsituation.[39]

So scheitert im Gefängnis eine Drogentherapie an den Rahmenbedingungen, die der geschlossene Vollzug setzt - unabhängig davon, ob sich der Betroffene auf einer sog. Drogenstation befindet oder nicht (vgl. a.a.O., S.98 sowie Quensel 1985, S.176/177).

Auch wenn die therapeutische Intention der Einsperrung, die Konsumenten wenigstens zeitweise von der Szene und der Droge zu isolieren, fehlgeschlagen ist, so hat man doch erreicht, daß die Situation des Drogenabhängigen sich im Knast verschärft darstellt (vgl. Graalmann 1981, S.87; Quensel 1982, S.175/176; Ortner 1983, S.71-74).

Und selbst wenn man es erreichen könnte, bestimmte Bereiche eines Gefängnisses von Drogen total zu isolieren, so würde sich,

---

[38]vgl. Schlender 1982, S.229-237; auch Grimm 1985, S.65; Quensel 1982, S.117; Noller/Reinicke 1987, S.89.

[39]"Therapiebereiche in Strafvollzugseinrichtungen sind oft mit Annehmlichkeiten verbunden, die der Normalvollzug nicht bietet. Der Verbleib ist attraktiv, richtet sich aber häufig nach den Bedürfnissen der Therapeuten und demnach müssen diese befriedigt werden." (Schlender, S.237)

nach Quensel, trotzdem eine 'Drogenkultur' bilden. Quensel bezeichnet dies als "drogenlose Drogenkultur" (Quensel 1982, S.176). Das zentrale Paradox besteht für ihn darin, daß sowohl Drogenabhängigkeit wie auch Drogenfreiheit - die Anwesenheit wie die Abwesenheit der Droge - den Drogenbezug in den Vordergrund stellen und als zentrales Merkmal betonen. Je stärker man die Droge bekämpfe, desto stärker fördere man sie[40].

Der Strafvollzug scheint also in keiner Form ein geeignetes oder erfolgreiches Instrument zur *Therapie* oder *Behandlung* von Drogenabhängigen zu sein[41].

---

[40]"Ein Junkie, der draußen vielleicht nur gelegentlich Heroin nahm, wird drinnen mit Sicherheit seine Drogenidentität finden, der sie draußen schon besaß, wird sie drinnen kaum verlieren, und zwar ganz unabhängig davon, ob er die Droge erhält oder nicht. Dies gilt nicht nur für das schiere drogenlose Stadium, in dem man wegen ihres Fehlens dauernd an sie denkt, sondern selbst dann, wenn die 'Culture' bewußt durch etwas anderes ersetzt wird. Die fehlende Musik ist ebenso kennzeichnend wie ihre Anwesenheit, die auf die Aufarbeitung der Kindheit gerichtete Therapie geschieht 'wegen' der Drogenvergangenheit, die neue Gemeinschaft ist der Zusammenschluß derer, die wegen ihrer Drogen hier versammelt sind. Ein Wissen, das jederzeit durch den abhängigen Neuling von draußen, aber auch durch den Abbruch, den allgegenwärtigen kleinen und großen Rückfall deutlich unterstrichen wird." (Quensel 1982, S.176; vgl. zum Zusammenhang von Bekämpfung und gleichzeitiger Förderung von Kriminalität oder anderer Verhaltensweisen auch: Bianchi 1974, S.101)

[41]vgl. Quensel 1982, S.177; Graalmann 1981, S.98; Schlender 1982, S.237; Ortner 1983, S.71; Scheerer 1986b, S.210; Soltau 1982, S.224, u.a.

5. Die Bedeutung der Massenmedien

Das 'Drogen-Problem', das in der Öffentlichkeit diskutiert wird, erhält seine Brisanz in erster Linie durch die Medien. Dabei ist eine sachliche Berichterstattung oder eine hilfreiche Aufklärung über Drogen und deren Konsum die Ausnahme, was Leu dazu veranlaßt, von einem "Tohuwabohu von Falschmeldungen und Halbwahrheiten" (Leu 1984, S.132) zu sprechen.

Und in der Tat sind die Zeitungen, vor allem die auflagenstärksten unter ihnen, voll von 'Horrordarstellungen', die mit stereotypen Bildern und Berichten einen sekundären Erfahrungshintergrund schaffen, in den wir unsere aktuellen Erfahrungen einbetten:

> "Bilder von Drogentoten in Toiletten, ausgemergelten und arbeitsunfähigen Haschisch-Orientalen, Opiumhöhlen, unheimliche Drogenszenarien, Heroin-Laboratorien - Bilder, die durch entsprechend farbige Stories von minderjährigen Prostituierten, LSD-Selbstmorden und allmächtigen Dealer-Organisationen plastisch ergänzt werden." (Quensel 1980, S.2)

Es ist festzustellen, daß die Berichterstattung über Rauschgiftkriminalität im Vergleich zu anderen Kriminalitätsbereichen stark überrepräsentiert ist (vgl. Smaus 1978, S.189). Zudem konstatiert Quensel einen von allen Medien geteilten Konsens, ein gemeinsames Klischee, das hier *Bild* und *Stern*, *Spiegel* und Fernsehen vereint, und zwar in einem Maße, das über den sonst in den Massenmedien üblichen Konsens hinausreicht (vgl. a.a.O., S.5).

Die Inhalte dieser Berichterstattung beschränken sich meist auf die oben angesprochenen 'Horrordarstellungen'. Dabei wird Drogen-Konsum immer von seinem negativen Ende her bewertet. Die möglichen positiven Seiten dagegen werden ebenso ausgeblendet wie die Tatsache, daß die negativ-gefährliche Besetzung mancher Drogen (nämlich der illegalen) nur eine mehr oder weniger künstlich geschaffene Beiläufigkeit (z.B. durch Drogengesetzgebung) dieser Drogen sein könnte, die deren substanziellen Unterschieden in keiner Weise gerecht wird (vgl. a.a.O., S.2). Das gesamte dargestellte 'Drogenelend' wird als die inhärente Qualität der jeweiligen Droge bewertet (vgl. Scheerer 1986b, S.112; Nebel u.a. 1989, S.32/33).

Ein weiteres inhaltliches Merkmal der Drogenberichterstattung ist die angeblich ständige Verschärfung des sog. Drogen-Problems: Die *Drogentoten* werden immer mehr, die Süchtigen immer jünger, die Dealer immer skrupelloser, die Beschaffungskriminalität immer brutaler (vgl. Nebel u.a. 1989, S.31). Diese Bewertungen stützen sich in aller Regel auf polizeiliche Angaben bzw. die polizeiliche Kriminalstatistik, deren zweifelhafter Aussagewert allerdings nicht kritisch hinterfragt wird.

Dieses unreflektierte Vorgehen führt zu einer weiteren inhaltlichen Gemeinsamkeit. Die Forderungen, die in solchen Zusammenhängen an die Verantwortlichen gestellt werden, gehen immer in die Richtung der bereits herrschenden Drogen-Politik, d.h. verstärkte Bekämpfung bzw. Repression, mehr Therapieplätze etc. (vgl. a.a.O., S.32).

Die Darstellung des Scheiterns der Drogen-Politik, welches eigentlich in den Horrormeldungen und Dramatisierungen der Medien zum Ausdruck kommt, wird damit Legitimation für das Fortschreiten auf dem alten Weg. Es wird suggeriert, daß die bisherigen Lösungsstrategien nur immer mehr intensiviert werden müßten, um die Situation entscheidend zu verbessern.

Damit trägt die Drogenberichterstattung in den Massenmedien wesentlich zur Erhaltung und Legitimierung des status quo bei (vgl. Smaus 1978, S.193). Dies bezieht sich auch darauf, welche Drogen als gefährlich (illegale) und welche als unbedenklich (legale) definiert werden, was 'abweichend' und was 'normal' ist. Die Verteufelung des Konsums illegaler Drogen symbolisiert somit die scheinbare 'Normalität' derjenigen, die Alkohol, Nikotin etc. in erheblichen Mengen konsumieren, und stützt so eine Schwarz-Weiß-Malerei, die verschleiert, wie ähnlich uns der 'illegale Konsument' eigentlich ist. Unser eigenes alltägliches Konsum- und Sucht-Verhalten wird legitimiert und für gut befunden (vgl. a.a.O., S.195/196 sowie Mathiesen 1979, S.161/

162 und Noller/Reinicke 1987, S.150).

Eine weitere Funktion dieser Berichterstattung ist das, was Smaus 'Sensibilisierung des Bewußtseins' nennt und Mathiesen als 'Ablenkungsfunktion' bezeichnet. Durch die häufigen und dramatischen Berichte entsteht in der Bevölkerung die irrtümliche Annahme, daß der Konsum illegaler Drogen ein gesellschaftliches Problem ersten Ranges sei. Damit erhält eine solche Berichterstattung nach Mathiesen unter anderem die Funktion, die Aufmerksamkeit von anderen gesellschaftlichen Problemen abzulenken, wie etwa Umweltzerstörung, Wohnungsnot, Arbeitslosigkeit, Rüstung etc. (vgl. Mathiesen 1979, S.161; auch Noller/Reinicke 1987, S.144/145).

Leu macht darauf aufmerksam, daß die 'drogenverteufelnde' Form der Berichterstattung auch direkt kontraproduktive Folgen haben kann. Wenn Jugendliche, denen die angeblich teuflischen Wirkungen und Folgen von Drogen durch die Medien vermittelt (und interessant gemacht) wurden, diese Drogen ausprobieren, so müssen sie feststellen, daß ihre Erwartungen oft nicht erfüllt werden. Die Warnungen und Informationen entpuppen sich als falsch oder zumindest übertrieben. Aus dieser Erfahrung heraus werden viele den Konsum fortsetzen ohne den nötigen Respekt vor der Droge und vor allem ohne eine angemessene Schulung oder Aufklärung im Umgang mit der Substanz (vgl. Leu 1984, S.132/133 sowie Schmidtbauer/Scheidt 1987, S.430).

Es kann also zusammenfassend gesagt werden, daß die Berichterstattung in den Massenmedien wesentlich zur Legitimierung der herrschenden Drogen-Politik beiträgt und damit letztlich selbst Teil dieser Politik ist.

Zudem orientiert sie sich nicht an einer sachlichen Darstellung, sondern gehorcht dem Zwang der Umsatzsteigerung und der von ihr heraufbeschworenen Sensations-Sucht (vgl. Schmidtbauer/Scheidt, S.428). Es ist daher anzunehmen, daß die Berichterstattung der Massenmedien nicht nur nicht zur Entschärfung des sog. 'Drogen-Problems' beiträgt, sondern daß sie vielmehr das Problem durch ihre Art der Darstellung noch weiter verschärft.

6. Ergebnis

Die Drogenpolitik in der Bundesrepublik Deutschland ist gescheitert.

Die repressiv prohibitionistische Strategie der Bekämpfung hat nicht zu einer Verringerung des Drogenkonsums und dessen Gefahren beigetragen, sondern das Problem erheblich verschärft. Soziale, physische und psychische Verelendung der Konsumenten sind die Folge der Bedingungen, die die Prohibition geschaffen und aufgrund des Leidensdruck-Modells auch bezweckt hat. Die extreme Expansion des Verfolgungsapparates und der erhebliche Anstieg des Einsatzes von V-Leuten hat Mißtrauen, Haß und Gewalt in die Szene getragen und zu Entsolidarisierung und Vereinzelung geführt.

Die gesamte Lebenssituation der Abhängigen verhindert oft eine sterile Injektion; der auf dem Schwarzmarkt um ein vielfaches überteuerte Stoff, der zu keiner Zeit in seiner Wirkung eingeschätzt werden kann, treibt die Abhängigen in die erneute Illegalität der Beschaffungskriminalität.

Der Drogenhandel wird durch ein repressives Klima nicht verhindert, vielmehr erhöht die verstärkte repressive Kontrolle das Risiko und damit den Preis der Droge. Die illegalen Handelsstrukturen werden nicht zerschlagen, sondern der hohe finanzielle Anreiz des Drogengeschäfts fördert und verfestigt die illegalen Handelswege und -beziehungen, über die dann wieder andere illegale Güter, wie etwa Waffen, (sicherer) transportiert werden können.

Die gegenwärtigen Formen der therapeutischen Kontrolle in der Bundesrepublik greifen nicht, was an den erdrückend niedrigen Erfolgsquoten der professionellen Hilfen deutlich wird. Dies ist zum einen auf die Strategie der erzwungenen Motivation - Leidensdruck-Modell - zurückzuführen, zum anderen aber auch auf den therapeutischen Stil dieser Einrichtungen. Es zeigt sich zudem,

> "daß alle intramuralen Behandlungsprogramme gescheitert sind, und zwar aus so prinzipiellen Gründen, daß die Hoffnung, 'sie schrittweise verbessern' zu können, aufgegeben

werden muß." (Quensel 1985, S.157)

Der Erfolg dieser Einrichtungen ist umso zweifelhafter, wenn man bedenkt, daß wahrscheinlich mindestens 20 - 25% aller abhängigen Heroin-Konsumenten den Weg aus der Sucht ohne professionelle Hilfen finden (maturing out).

Unterstützt und legitimiert wird diese Politik von den Massenmedien, die mit ihrer substanzbezogenen Sichtweise alles Elend der Fixer stets als die inhärente Qualität der Droge darstellen, ohne die gesellschaftlichen Bedingungen und Strukturen zu reflektieren.

Damit ist die Drogenberichterstattung in den Massenmedien selbst Teil einer herrschenden Drogen-Politik geworden, die durch Repression, Verelendung und Erfolglosigkeit gekennzeichnet ist und einen weniger schädlichen und/oder möglicherweise sinnvollen Umgang mit Opiaten und anderen illegalen Drogen verhindert.

Damit sollte die Hauptthese dieser Abhandlung als erwiesen gelten: *Nicht die Droge, die Drogenpolitik ist das Problem.*

Im folgenden soll es daher darum gehen, ob und wie eine Verringerung von Repression, (Straf-)Verfolgung und Zwang zu einer Entschärfung des sog. Drogen-Problems beitragen kann.

B. Möglichkeiten der Repressionsverminderung und Entkriminalisierung in der herrschenden Drogen-Politik

Wir haben festgestellt, daß die repressiv-prohibitionistische Drogen-Politik der Bundesrepublik das von ihr konstatierte 'Drogenproblem' nicht zu lösen vermag. Im folgenden soll daher über Strategien und Konzepte der Repressionsminderung sowie Entkriminalisierung nachgedacht und die Frage gestellt werden, inwieweit solche Strategien zu einer Entschärfung und Verbesserung der herrschenden Situation beitragen können.

Grundlage dessen ist eine Begriffsklärung von 'Entkriminalisierung' und 'Legalisierung', um im folgenden einige grundsätzliche Argumentationslinien, die eine Repressionsverminderung in der Heroinverbotspolitik anstreben, darzustellen. Im Anschluß daran sollen die wichtigsten Ansätze einer repressionsvermindernden Drogen-Politik konkretisiert und diskutiert werden. Hierbei wird es zunächst um die in der Bundesrepublik zur Zeit sehr kontrovers diskutierte Methadon-Vergabe gehen und daran anschließend um das eher unbekannte Konzept der sog. 'Heroinprogramme'. Es soll überprüft werden, inwieweit solche Programme, die in weiten Teilen der (Fach-) Öffentlichkeit als Ausdruck einer entkriminalisierenden Drogenpolitik gelten, wirklich eine Entkriminalisierung darstellen. Den Abschluß wird die Diskussion einiger konkreter Entkriminalisierungsvorschläge bilden.

1. 'Entkriminalisierung' und 'Legalisierung' - Die Begriffe

Die Benutzung der Begriffe 'Entkriminalisierung' und 'Legalisierung' provozieren in der Regel recht positive Assoziationen, deren Absicht es gerade in kriminalpolitischen Diskussionen ist, die Vorstellung von einer Reform des Strafrechts entstehen zu lassen. Auch wenn solcherlei Hoffnungen auf Liberalisierung nicht immer unangebracht erscheinen, so ist es doch notwendig, den Gebrauch dieser Begriffe etwas genauer zu untersuchen.
Obwohl der Begriff der Legalisierung erst in Kapitel C. von Bedeutung ist, so soll auch dieser Begriff bereits hier geklärt werden.

1.1. Entkriminalisierung

Entkriminalisierung bezeichnet einen gesetzgeberischen (formellen) Vorgang, der ein bislang strafbares Verhalten straflos stellt, d.h. die Einordnung einer Verhaltensweise in die Kategorie der mit Kriminalstrafe bedrohten Handlungen wird zurückgenommen. Es handelt sich damit um eine formale Ausgliederung aus dem Strafrecht (vgl. Naucke 1984, S.199; Kohl/Scheerer 1989, S.31; Brusten 1988a, S.191).

Die pure Ausgliederung aus dem Strafrecht bzw. der Wegfall einer Kriminalstrafe sagt allerdings nichts über den darauffolgenden Umgang mit dem entkriminalisierten Verhalten aus, d.h. ob und wie die entkriminalisierten Handlungen und/oder Personen im folgenden kontrolliert und/oder sanktioniert werden, etwa durch andere Gesetze, Verordnungen, Vorschriften etc. (vgl. Nauke 1984, S.199/200). Es scheint daher sinnvoll und notwendig, den Begriff der Entkriminalisierung mit Adjektiven zu versehen, um eine bessere Differenzierung zu erzielen.

Kohl/Scheerer unterscheiden zwischen 'ersatzloser' und 'transformierender Entkriminalisierung', wobei sie unter 'ersatzloser Entkriminalisierung' den Wegfall jeglicher formeller Kontrolle verstehen. Dagegen ist mit einer 'transformierenden Entkriminalisierung' die Einführung neuer funktionaler Äquivalente verbunden, d.h. man überführt z.B. eine Handlung ins Ordnungswidrigkeitsrecht (OWiG), womit weiterhin eine staatliche und repressive Reaktion möglich ist. Gesetzliche Veränderungen, die lediglich die Strafe herabsetzen - mildere Strafen zulassen und/oder Höchststrafen herabsetzen - d.h. keine Ausgliederung aus dem Strafrecht bewirken, bezeichnen Kohl/Scheerer als 'Entpoenalisierung' (von lat. poena - Strafe). Diese Unterscheidung ist wichtig, da in aktuellen politischen Diskussionen auch solche Vorgänge bzw. Vorschläge häufig als Entkriminalisierung bezeichnet werden (vgl. Kohl/Scheerer 1989, S.90-101).

Eine andere begriffliche Differenzierung nimmt Nauke vor. Er unterscheidet zwischen 'deklaratorischer, scheinbarer und wirklicher Entkriminalisierung' (vgl. Nauke 1984, S.199/200). Bei der deklaratorischen Entkriminalisierung hat die Gesellschaft das Interesse an einer Bestrafung bereits verloren. Die Entkriminalisierung deklariert sozusagen das Verschwinden des Bestrafungsinteresses in der Gesellschaft. Allerdings werden nur solche Bereiche entkriminalisiert, die ohnehin kein 'crimen'[42] mehr enthalten.

"Soweit ein Interesse an der Bestrafung weiterhin besteht oder vermutet wird, leitet man dieses Interesse auf andere, von der Entkriminalisierung nicht betroffene Bestimmungen über; diese Aufgabe übernehmen Rechtssprechung und Kommentare." (a.a.O., S.202)

Bei einer scheinbaren Entkriminalisierung bleibt es bei der Einstufung des Verhaltens als unerwünscht, abweichend, etc., d.h. es bleibt bei der Erwartung, daß bestimmte unerwünschte Handlungen unterdrückt werden. Diese Form der Entkriminalisierung gliedert bestimmte Handlungen dann zwar aus dem Strafrecht aus, überführt sie aber direkt in andere Systeme oder Instanzen der staatlich-repressiven Kontrolle: man überführt etwa ins OWiG, ins Sozial- oder Zivil-Recht, dehnt die Anwendung von Maßregeln oder die Möglichkeiten der Einweisung (nach den Ländergesetzen zur Unterbringung psychisch Kranker und Süchtiger) aus, etc. So bezeichnet

---

[42]"Crimen ist eine Handlung, die nicht nur unerwünscht, sondern auch förmlich als kriminelles Unrecht definiert und mit Strafe bedroht ist." (Kohl/Scheerer 1989, S.87)

Nauke die in unserem Zusammenhang relevante Formel 'Therapie statt Strafe' als eines der Hauptthemen der scheinbaren Entkriminalisierung und stellt fest, die scheinbare Entkriminalisierung sei mit einiger Virtuosität in der Neufassung des Betäubungsmittelgesetzes (1981) gehandhabt. Die für wirkungslos gehaltene und wirkungslos organisierte Strafe sei zurückgenommen und durch maßregelartige Sanktionsformen ersetzt worden (§§ 35ff BtmG). Nauke prägt in diesem Zusammenhang den Begriff der Nicht-Strafenden Einweisung (vgl. a.a.O., S.203-210)[43].

Die wirkliche Entkriminalisierung dagegen verzichtet auf jegliche staatliche Strafe. Es bleibt als Alternative nur der gesellschaftliche Umgang mit dem Problem übrig (vgl. a.a.O., S.211). In der klassischen Variante dieser Form der Entkriminalisierung bezweckt man mit der Entkriminalisierung gleichzeitig eine Stärkung bzw. Legitimation des noch verbleibenden Restes des Strafrechts. Die Freiheitlichkeit eines auf den Freiheitsschutz beschränkten Staates beweise sich auch gerade daran, daß sie viele kleine und/oder mittlere Abweichungen ertragen könne. Umso selbstbewußter und klarer ziele die strafende Reaktion auf schwere, eben freiheitsvernichtende Abweichung (vgl. a.a.O., S.211/212 sowie Mathiesen 1979, S.186/187).

Die Form der Entkriminalisierung, die das Etikett 'straflos machen' wirklich verdient, ist die, die den Gegensatz von Staat und Gesellschaft verschwinden läßt. Entkriminalisierung ist hier Wiedervergesellschaftung der Konflikte, echte Privatisierung, Entrechtlichung eines bestehenden Problems im juristischen Sinne. Sie ist eine Kurzfassung für die Vermutung, die Überlassung des Rechts an den Staat sei der "Hauptfehler der neueren Rechtsgeschichte und die Hauptgefahr für die Freiheit".[44]

Entkriminalisierung wird so quasi zum Zwang zur Suche nach

---

[43]"Man spricht wegen Schuldunfähigkeit frei und weist wegen Schuldunfähigkeit ein." (a.a.O., S.204)

[44]Nauke 1984, S.212; vgl. z.B. auch Pilgram/Steinert 1981, S.147-154 sowie Christie 1986, S.94-115

einer nicht-staatlichen Reaktion auf empfundene Abweichung. Wohl wissend, daß mit der Abschaffung der Strafe nicht auch die Abweichung verschwindet, gibt man die Lösung bzw. Bearbeitung eines bestehenden Problems an die Gesellschaft zurück. Gleichzeitig bezweckt eine solche Entkriminalisierung nicht die Legitimation des verbleibenden Restes des Strafrechts, sondern zielt auf - immer weitere Bereiche einbeziehende - Zurückdrängung von Strafrecht. Ihr Ziel ist die grundsätzliche Wiedervergesellschaftung der auftretenden Konflikte in einer Gesellschaft.[45]

Neben dem bisher rein juristisch definierten Begriff der Entkriminalisierung, läßt sich auch noch eine soziologisch orientierte Definition treffen. So wird 'Kriminalisierung' von Brusten folgendermaßen definiert:

"Jemanden kriminell machen, d.h. ihn in eine soziale Situation bringen oder ihm eine soziale Rolle zuschreiben, die ihn motiviert oder zwingt, Handlungen zu begehen, die als kriminell bezeichnet werden." (Brusten 1988b, S.433)

Akzeptiert man diese Definition für 'Kriminalisierung', so könnte man den umgekehrten Prozeß, d.h. jemanden aus einer Situation, die ihn zwingt, 'kriminelle Handlungen' zu begehen, herauszuholen, als 'Entkriminalisierung' bezeichnen.

Zusammenfassend können wir nun also zwischen vier Formen von Entkriminalisierung unterscheiden:

1. *deklaratorische Entkriminalisierung*, die eine Handlung entkriminalisiert, für die kein Bestrafungsinteresse mehr besteht und die auch bereits nicht mehr bestraft wird,
2. *scheinbare (oder transformierende) Entkriminalisierung*, die die Handlung zwar aus dem Strafrecht aussondert, aber gleichzeitig andere funktionale Äquivalente staatlich-repressiven Eingreifens bereithält,
3. *wirkliche (oder ersatzlose) Entkriminalisierung*, die eine Handlung

---

[45] vgl. Nauke 1984, S.212/213; ausführlicher z.B. Scheerer 1984, S.104-108; Christie 1986, S.125-144; Pilgram/Steinert 1981, S.147-154

(oder eine Person) straflos stellt, ohne andere formelle Reaktionsformen zu eröffnen und
4. *die Entkriminalisierung im Sinne Brustens*, d.h. die Aufhebung einer Situation, die jemanden zwingt, 'kriminelle Handlungen' zu begehen.

1.2. Legalisierung

Die Verwendung des Begriffs 'Legalisierung' ist im Gegensatz zu dem der Entkriminalisierung eindeutiger. Die 'Hoffnung' auf oder das 'Gespenst' der Legalisierung existiert in den Köpfen der einzelnen je nach politischer, moralischer oder wissenschaftlicher Meinung. Aber was den Begriff ausmacht, scheint eindeutig: die Freigabe der Droge.

In diesem Zusammenhang betont Scheerer zu Recht, daß eine Legalisierung immer substanzbezogen sei, d.h. eine Droge kann legalisiert werden, nicht aber eine Person oder eine Handlung. Bei der Entkriminalisierung ist es genau umgekehrt, eine Droge kann nicht entkriminalisiert werden, sondern nur Personen oder Verhaltensweisen. Die Legalisierung geht daher in der Konsequenz einen Schritt weiter als die Entkriminalisierung. Entkriminalisiert man den Konsum und/oder den Konsumenten einer Droge, so kann die Droge selbst weiterhin illegal bleiben - die Entkriminalisierung kann also die Legalisierung enthalten, muß es aber nicht.[46]

Legalisiert man aber eine Droge und macht sie damit (relativ) frei zugänglich, entkriminalisiert man auch Konsum, Besitz und Handel der Droge.

Unter 'Legalisierung von Heroin' soll daher die vollständige 'wirkliche Entkriminalisierung' aller Handlungen im Zusammenhang mit dieser Substanz - also sowohl Konsum, Besitz und Erwerb als auch Anbau, Herstellung und Handel - verstanden werden.

---

[46]Ein gutes Beispiel ist hier die Höchstmengenregelung - bei Cannabis - in Holland. Die Droge ist zwar illegal, aber der Konsum sowie das Angetroffen-Werden mit weniger als 30g wird nicht mit Kriminalstrafe bestraft (vgl. Scheerer 1985a, S.240).

Ein anderer Akzent wird mit dem Begriff des 'legalen Zugangs' gesetzt. Dieser Begriff sagt lediglich aus, daß eine bestimmte Gruppe von Personen, aber auch alle, die dies wünschen, einen legalen Zugang (zu Heroin) haben. D.h. jeder hat die Möglichkeit, die Droge legal zu erwerben, ohne daß damit ausgesagt wäre, daß alle Handlungen im Zusammenhang mit der Droge (also z.B. bestimmte Formen der Herstellung, nicht-lizenzierter Handel, das Werben für die Substanz etc.) erlaubt wären.

Diese Differenzierung wird für das Verständis des Kapitels C. bedeutsam sein.

2. Argumentationslinien für eine Repressionsverminderung in der herrschenden Drogen-Politik

Wird über eine Repressionsverminderung in der Verbotspolitik bzgl. Heroin diskutiert, so lassen sich in der Regel vier grundsätzliche Linien für eine Repressionsverminderung/Entkriminalisierung/Legalisierung ausmachen. Dabei handelt es sich um:
1. den liberalen Ansatz,
2. den ökonomischen Ansatz,
3. den klientenfixierten Ansatz und
4. den integrativen Ansatz.

Auch wenn sich in den Diskussionen diese Ansätze meist vermischen, so erscheint es doch sinnvoll, die Argumentationslinien zu trennen, da sich deren Motivationen und Zielvorstellungen durchaus unterscheiden. Im Anschluß daran werden die oben genannten Ansätze hinsichtlich ihrer Brauchbarkeit diskutiert.

2.1. Der liberale Ansatz

Das liberale Argument läßt sich fassen mit der These von Mill[47], daß Gewalt, d.h. in diesem Kontext: die Bestrafung, nur dann rechtmäßig über ein Mitglied einer zivilisierten Gesellschaft ausgeübt werden darf, wenn dadurch Schaden von einem Dritten abgewendet werden kann. Das eigene Wohl des Betroffenen, sei es nun physisch oder moralisch, ist keine ausreichende Rechtfertigung für die Anwendung staatlicher Gewalt oder staatlichen Zwangs (vgl. z.B. Szasz 1982, S.1394).

Das klassisch-liberale Strafrecht war zum Schutz von personenbezogenen Rechtsgütern, d.h. von Freiheit und Würde eines anderen Menschen konzipiert. Auf die Verletzung dieser Rechtsgüter - wie etwa Eigentum, körperliche Unversehrtheit oder Ehre - wurde repressiv reagiert. Allerdings wollte das liberale Strafrecht nicht 'Moralapostel' sein und niemandem eine bestimmte Lebensweise oder besonde-

---

[47]Mill, John Stuart (1956): On Liberty. Ed. Currin V. Shields, Indianapolis, S.13 (zit. bei Kaplan 1985, S.103/104; vgl. auch Quensel 1982, S.70/71)

re Vorlieben aufzwingen - man trennte Legalität von Moralität (vgl. Scheerer 1986a, S.113).

Das Konsumieren bestimmter Lebensmittel, Genußmittel oder eben Drogen ist demnach in die Kategorie Moralität einzuordnen, d.h. jeder hat das Recht, *die* Droge zu sich zu nehmen, die er bevorzugt. Das Recht auf Konsum dieser Substanzen besteht zudem unabhängig vom Grad der Schädlichkeit des Gebrauchs, denn schließlich schädigt der Konsument nicht Dritte, sondern allenfalls sich selbst.

Quensel macht in diesem Zusammenhang auf eine kriminalpolitische Grundsatzentscheidung in unserer Gesellschaft aufmerksam, nämlich daß Selbstschädigung bis hin zum Suizid in unserer Gesellschaft straflos bleibe (vgl. Quensel 1982, S.71). Auch Scheerer unterstreicht dies in zynischer Weise, wenn er sagt, daß jeder, der sich umzubringen versuche, straflos bleibe und zwar unabhängig davon, ob er dies nun mit einem Revolver oder mit Hilfe hartnäckigen Nikotinkonsums unternehme. Es sei daher nicht legitim bzw. einsehbar, daß gerade Heroin bzw. andere illegale Drogen in solch einem Kontext verboten und der Besitz, Erwerb, etc. strafbar seien (vgl. Scheerer 1986a, S.133 sowie Behr/Juhnke 1985, S.239).

Ein weiteres Grundprinzip einer pluralistischen Gesellschaft sei es, so Quensel, kriminalpolitisch zumindest dann nicht in spezifische subkulturelle Bereiche einzugreifen, wenn die Aktivitäten, die innerhalb solcher Gruppen von allen Beteiligten akzeptiert würden, außerhalb Stehenden nicht schaden. Dieses am Schutz von Minderheiten orientierte Grundprinzip pluralistischer Gesellschaften verlange eine gründliche Abwägung zwischen dem Eingriff gegenüber einer Minorität auf der einen und der durch sie verursachten Belästigung auf der anderen Seite. Gerade auch wenn man die Überlegungen zur Bestrafung von Selbstschädigung einbeziehe, müsse hier die Gefährlichkeitsschwelle eher höher angesetzt werden; dies vor allem auch dann, wenn man ein Verbot aus generalpräventiven Erwägungen befürworte. Im generalpräventiven Zusammenhang gehe es noch nicht einmal um den Schutz des Bestraften, sondern um den Schutz von anderen potentiellen Konsumenten, d.h. um Handlungen, die zum einen noch nicht geschehen seien und für die der Bestrafte zum anderen auch nicht verantwortlich sei. So

> *"gerät die Strafe gleichsam zur am Unschuldigen vollstreckten Macht-Demonstration, deren Beliebigkeit überdies durch die seltene Auslese unter der Vielzahl möglicher Klienten unterstrichen wird."* (Quensel 1982, S.72)

Fazit: Das Hauptargument des liberalen Ansatzes ist die Betonung des Rechtes und der Verantwortung jedes einzelnen, zu entscheiden, ob und welche Substanzen er ißt, trinkt oder anderweitig konsumiert. Der Staat ist nicht berechtigt, mit Gewalt einzugreifen.

Dieser Ansatz plädiert für eine Aufhebung des Verbots von Drogen, wobei die jeweiligen Prohibitionsgesetze weniger als Verletzung der Freiheit des Produzenten oder Verkäufers, als vielmehr der des Käufers gesehen werden (vgl. Kaplan 1985, S.104). Auch für den Umgang mit (bisher) illegalen Drogen sollen die Grundprinzipien der liberalen und pluralistischen Gesellschaft gelten.

2.2. Der ökonomische Ansatz

Für den ökonomischen Ansatz sind Drogen eine Ware, die wie andere Güter auch auf einem Markt gehandelt werden, der Angebot und Nachfrage über Preise koordiniert. Allerdings weist der Drogenmarkt zwei Besonderheiten auf. Erstens ist der Markt illegal und zweitens reagiert ein großer Teil der Nachfrage, nämlich der der Süchtigen, äußerst preisunelastisch, d.h. selbst bei Preiserhöhungen wird höchstens unbedeutend weniger konsumiert.

Die prohibitive Drogenpolitik muß scheitern, da in ihr drei ökonomische 'Kardinalsfehler' stecken (vgl. Hartwig/Pies 1989, S.95).

1. Handel und Konsum einer Substanz können nie völlig unterbunden werden. Repression kann allenfalls zu einer Verknappung des Angebots und damit zu Preisanstieg und zur Vergrößerung der Gewinnspanne führen, was wiederum ein solches Kosten--

Ertrags-Kalkül zur Folge hat, gegen das mit der üblichen Repression nicht anzukommen ist (die Kosten für eine annähernd vollständige Unterbindung wären exorbitant). Die stark erhöhten Preise treffen auf die oben bereits erwähnte preisunelastische Nachfrage. Dies führt dazu, daß

2. die Süchtigen gezwungen sind, sich die finanziellen Mittel über Beschaffungskriminalität, Prostitution etc. zu sichern. Die so verursachten gesellschaftlichen Kosten sind zu hoch.

3. Die staatlich-prohibitionistische Drogenpolitik ist somit der eigentliche Motor des Marktes. Je strenger das Verbot, desto höher der Preis. Je höher der Preis, desto größer der Gewinn und damit das Interesse der Händler an dynamischer Geschäftsentwicklung. Zudem wächst mit höheren Preisen der Druck auf die abhängigen Händler, neue Kunden zu gewinnen. "Insofern sind diese noch als Täter die Opfer einer verfehlten Politik." (a.a.O., S.95).

Die beabsichtigten Wirkungen des Verbots verkehren sich so in ihr Gegenteil.

Als Alternative schlagen Hartwig/Pies eine 'kontrollierte Teilliberalisierung' vor, d.h. gegen eine Kostenerstattung können Abhängige die Drogen vom Staat beziehen. Da das Risiko des Handels bei staatlicher Abgabe wegfällt, kann der Staat die Droge sehr billig abgeben. Durch die so entstehende Konkurrenz zum Schwarzmarkt wird die Nachfrage preiselastisch, d.h. die Konsumenten kaufen beim Staat, weil dessen Angebot billiger ist. Der weiterhin illegale nichtstaatliche Handel kann dem preisgestützten Verdrängungswettbewerb des staatlichen Drogenmonopols nicht standhalten und muß sich aus dem Markt zurückziehen.

So erhält man einerseits eine bessere Kontrolle über die Konsumenten, da der Staat das Monopol und damit den kontinuierlichen Zugriff auf die Konsumenten hat. Zum anderen werden die gesellschaftlichen Kosten der Verelendung sowie der Beschaffungskriminalität stark reduziert. Durch eine staatlich garantierte Qualitätskontrolle sowie die Ausgabe hygienischer Spritzen werden zudem die gesundheitspolitischen Kosten erheblich gesenkt. Durch die finanzielle Beteiligung der Konsumenten im 'Materialkostenbereich' hält man zudem den gesamten finanziellen Aufwand niedrig.

Fazit: Der ökonomische Ansatz fordert, ausgehend von den drei aufgezeigten ökonomischen Kardinalfehlern des prohibitionistischen Systems, die staatliche Monopolisierung des Heroin- bzw. Drogenhandels. Das staatliche Verbot wird ersetzt durch das staatliche Monopol. Der nicht-staatliche Handel bleibt weiterhin kriminalisiert.

2.3. *Der klientenfixierte Ansatz*

Die klientenfixierte Argumentation orientiert sich nicht an Liberalität oder Ökonomie, sondern an der Verbesserung der konkreten Lebensverhältnisse von Abhängigen.

Dieser Ansatz diskutiert nicht grundsätzlich eine Entkriminalisierung, sondern vielmehr ein besseres Arrangement des Verbots. Die Ziele und Forderungen dieses Ansatzes konzentrieren sich in dem Begriff der 'akzeptierenden Drogenarbeit'.

Oberste Forderung dieses Ansatzes ist der Verzicht auf Abstinenz als Voraussetzung von Hilfsangeboten. Man geht davon aus, daß der Konsum von Heroin subjektiven (sub-)kulturellen Sinn machen und innerhalb einer bestimmten Lebenswelt eine besondere Funktion erfüllen kann (vgl. Herwig-Lemp/Stöver 1989, S.54). Dieser Ansatz fordert daher, über die bestehende Abstinenzbehandlung hinaus, Heroinkonsum akzeptierende Formen psychosozialer und materieller Unterstützung[48] sowie drogenersetzende Möglichkeiten der Hilfe (z.B. Methadon-Programme). Auf polizeilicher Ebene wird dazu aufgefordert, die Razziatätigkeit einzustellen sowie bei 'Kleinhandel' und Kon-

---

[48]Heroinkonsum akzeptierende Formen psychosozialer und materieller Unterstützung wären z.B. Angebote wie: Vergabe von Einwegspritzen, 'Druckraum' (in dem ungestörtes Aufhalten und Injizieren toleriert wird), Essensausgabe, ambulante Wundversorgung von Abszessen und Verletzungen, Hilfe bei Behördengängen und dem Umgang mit der Justiz, Wohnraumsicherung, Freizeit- und Bildungsangebot, Beratung etc. (vgl. Herwig-Lemp/ Stöver 1989, S.7/8)

sum "wegzusehen" (vgl. a.a.O., S.59).

Die Hoffnungen der klientenfixierten Argumentation orientieren sich daher nicht an einer gesetzlichen Ebene, d.h. an einer Lockerung der Verbotspolitik im Sinne von Entkriminalisierung, sondern an einer Verminderung der polizeilichen Repression im Bereich der abhängigen Konsumenten. Ziel ist somit eine höhere informelle Toleranz im Rahmen der herrschenden gesetzlichen Grundlage. Akzeptanz vermindert den Zwang und erhöht damit gleichzeitig die Bereitschaft bzw. die Motivation bei den Betroffenen, sich einer helfenden Institution anzuvertrauen, d.h. das letzte Ziel dieses Ansatzes ist eine höhere Attraktivität der Behandlungsangebote und damit quasi die Perfektionierung der therapeutischen Kontrolle.

Es muß festgestellt werden, daß dieser Ansatz, d.h. die Einforderung einer akzeptierenden Hilfe dazu beitragen kann, die herrschenden Strukturen der Dramatisierung und Verteufelung des Konsums illegaler Drogen aufzubrechen.

2.4. Der integrative Ansatz

Der integrative Ansatz geht davon aus, daß die Suche nach veränderten Bewußtseinszuständen ein menschliches Grundbedürfnis ist und daß es daher in jeder Kultur den Gebrauch von extatisierenden Medien (Drogen, Musik, Tanz etc.) gab und gibt. Der Drang zum Drogenkonsum ist so mächtig, daß er durch staatliche Zwangsmaßnahmen nicht unterdrückt werden kann (vgl. Josuttis 1982, S.1284-1286; Marzahn 1983a, S.114/115; Legnaro 1982, S.93). Die Gefährlichkeit des Konsums ist abhängig vom Grad der Integration des Konsums und der Konsumenten in die Kultur bzw. die Gesellschaft. Ist der Konsum in eine Gesellschaft integriert, so entwickeln sich Regeln und Rituale für den Umgang mit einer Droge, die zum einen die lebensbedrohlichen Effekte der Substanz auf ein Minimum reduzieren und zum anderen dem exzessiven Gebrauch vorbeugen (vgl. Bülow 1989a, S.14). So haben es die Kulturen und Völker gelernt, mit den verschiedensten Substanzen umzugehen, mit Alkohol, Kaffee, Tee und Nikotin ebenso wie mit Haschisch (vgl. z.B. DuToit 1982,

S.872-898), Opium (vgl. z.B. Anwari-Alhosseyni 1982, S.822-833), Kokain (vgl. z.B. Scheffer 1982, S.758-768), Peyote (vgl. z.B. Furst 1982, S.801-815), Qat (vgl. z.B. Schopen 1982, S.850-860), Betel (vgl. z.B. Stöhr 1982, S.963-968) etc.

Ein Lernprozeß, wie ihn alle Kulturen im Bezug spezifische Drogen durchschritten haben, wird durch eine repressiv-prohibitionistische Drogenpolitik verhindert. Das Erlernen eines relativ unproblematischen Heroinkonsums ist in der Bundesrepublik und allen Ländern, die dieser Droge ähnlich repressiv gegenüberstehen, stark erschwert und soll unterbunden werden. Damit werden die extremen Pole des Heroinkonsums betont und produziert, d.h. es gibt entweder Abstinenz oder exzessiven Gebrauch. Das Erlernen eines kontrollierten Gebrauchs wird systematisch verhindert (vgl. Bülow 1989a, S.15; Scheerer 1986a, S.118/119).

Trotzdem haben sich Kreise von Konsumenten entwickelt, die mit Heroin ähnlich umzugehen gelernt haben wie der Gelegenheitstrinker mit Alkohol, d.h. es gibt eine große Zahl von Heroinkonsumenten, die die Substanz kontrolliert und nicht-abhängig gebrauchen. Sie orientieren sich ebenso wie Konsumenten anderer (legaler, aber auch illegaler) Drogen an bestimmten Regeln und Ritualen und es ist ihnen so möglich, den potentiell nachteiligen Wirkungen des Heroins zu entgehen. In den USA stellen diese gelegentlichen nicht-abhängigen Gebraucher einen Anteil von mindestens 40% aller Heroinverbraucher dar (vgl. Harding 1982, S.1217; Scheerer 1986a, S.115-117; Bülow 1989b, S.119/120).

Gemeinsame und dominierende Merkmale der kontrollierten Heroingebraucher sind die strikte Distanz zur Drogenszene, abgesehen von den Kontakten, die zur Beschaffung der Droge nötig sind, und die starke Ritualisierung des Drogengebrauchs (vgl. Bülow 1989a, S.14). Die kontrollierten Gebraucher sind trotz ihres Konsums in die Gesellschaft integriert, können die Droge in der Regel von ihrem Einkommen finanzieren und haben so die Möglichkeit, einen Konsum zu praktizieren, der in keiner Weise Aufsehen erregt, d.h. dem üblichen Bild des 'Fixers' nicht entspricht und der gesundheitlich weitgehend ungefährlich ist[49].

Der integrative Ansatz sieht diese positiven Seiten der Integration einer Droge in einem kulturellen Zusammenhang und plädiert daher für eine umfassende wirkliche Entkriminalisierung der momentan illegalen Drogen. Entkriminalisierung wird hierbei als Grundlage für ein Hineinwachsen in die Rolle des kontrollierten Heroinkonsumenten gesehen.

> "So wie die große Mehrheit der Bevölkerung dem nichtabhängigen Alkoholkonsum frönen kann, könnte es eines Tages auch möglich sein, die positiven Seiten des Opiatkonsums zu genießen, ohne deren Nachteile, die Abhängigkeit, auf sich nehmen zu müssen." (a.a.O., S.15)

In diesem Zusammenhang können auch die Kenntnisse und Erfahrungen, die andere Kulturen mit der Droge gemacht haben, für uns nutzbar gemacht werden (vgl. Josuttis 1982, S.1288).

Fazit: Der integrative Ansatz stützt sich auf die historische und kulturvergleichende Erkenntnis, daß der Konsum von Drogen ein ubiquitäres und menschlich 'normales' Verhalten ist. Ein Verbot solchen Verhaltens ist zum einen nicht möglich und produziert zum anderen Gefahren, die in der Droge selbst so nicht angelegt sind. Ein weitestgehend unproblematischer Konsum ist daher nur gesellschaftlich integriert möglich, d.h. in einem repressionsfreien Raum, der es erlaubt, die Droge in andere Lebensbereiche eingebunden zu konsumieren. In dem so entstehenden angstfreien Umfeld besteht die Möglichkeit der Entwicklung von Regeln und Ritualen des Umgangs mit der Droge, die der Substanz zum einen ihre lebensbedrohlichen Effekte nehmen und zum anderen den Konsum vom abhängigen zum kontrolllierten und selbstbestimmten Verhalten entwickeln können.

---

[49] Auf die kontrollierten Gebraucher sowie auf den kulturellen Umgang mit Drogen und auch Heroin wird unten ausführlich eingegangen werden.

2.5. Zusammenfassung und Bewertung

Es ist deutlich geworden, daß die drogenpolitischen Bemühungen um eine Lockerung der Verbotspolitik von grundsätzlich verschiedenen Motivationen ausgehen können. So fordert der liberale Ansatz das grundsätzliche Recht des Einzelnen ein, die Substanz konsumieren zu dürfen, die er für richtig hält und dies unabhängig davon, ob er sich dabei selbst schädigt oder nicht.

Der ökonomische Ansatz betont die hohen Kosten der Prohibition - sowohl gesellschaftlich als auch individuell - und beklagt die ökonomische Kontraproduktivität eines Verbots. Er plädiert für ein staatliches Drogenmonopol.

An einer größeren Attraktivität der Behandlungsangebote ist der klientenfixierte Ansatz orientiert. In diesem Rahmen wird eine repressionsvermindernde Politik in Richtung auf Heroinkonsum akzeptierende Hilfsangebote gefordert, die gleichzeitig zu einer Perfektionierung der therapeutischen Kontrolle beiträgt.

Der integrative Ansatz plädiert für eine Integration des Umgangs mit illegalen Drogen in die Gesellschaft. Er vertraut auf die Kraft der informellen Selbstregulations-Mechanismen in der Gesellschaft bzw. in spezifischen gesellschaftlichen Gruppen, d.h. auf die Möglichkeit der informellen sozialen Kontrolle des Umgangs mit einer Droge in einem (sub-)kulturellen Zusammenhang, der mit der Entwicklung von Regeln und Ritualen den Konsum in einen weitestgehend unproblematischen und möglicherweise sinnvollen Kontext zu stellen vermag.

Die integrative Argumentation ist daher die einzige der hier aufgeführren Ansätze, die eine wirkliche Alternative anzubieten hat. Während der liberale Ansatz den einzelnen Konsumenten seiner Selbstverantwortung überläßt, der ökonomische Ansatz in erster Linie die Senkung der gesellschaftlichen Kosten im Blick hat und die klientenfixierten Forderungen eine größere Attraktivität und daher eine Perfektionierung des Behandlungssystems anstreben, entwirft der integrative Ansatz eine Perspektive, die über den konkreten Vorgang der Verminderung von Repression hinausreicht. Diese Perspektive manifestiert sich in dem Begriff einer 'Drogenkultur', deren Ausgestaltung zum gegenwärtigen Zeitpunkt allerdings nur angedeutet werden kann. Diese 'Drogenkultur' stellt einen kontinuierlichen Lernprozeß dar, der in seinem Fortschreiten zu einem für die Betroffenen, d.h. die Konsumenten, sinnvollen Umgang mit ihrer Droge führen kann. Ein solcher Lernprozeß ist nicht nur fruchtbar für die Konsumenten der Drogen, die heute illegal sind, sondern er kann auch positiven Einfluß haben auf das Konsumverhalten der übrigen Gesellschaftsmitglieder und den heute durchaus nicht nur unproblematischen Konsum der momentan legalen Drogen.

Somit reicht die integrative Strategie nicht nur über den eigentlichen Entkriminalisierungs-Vorgang illegaler Drogen hinaus, sondern weist zudem auf einen notwendigen Lernprozeß auch mit legalen Drogen hin.[50]

Die folgenden Ausführungen werden daher von der integrativen Argumentation bestimmt sein. Die Überlegungen zu einer Konkretion von Drogenkultur sollen jedoch an dieser Stelle unterbrochen werden, um zunächst die konkreten Forderungen, die in den Diskussionen um eine repressionsvermindernde Heroin-Politik auftauchen, auf ihren verändernden Gehalt hin zu untersuchen zu und zu bewerten.

---

[50]Auch hierauf wird unten noch ausführlicher eingegangen werden.

3. Konkrete Ansätze einer Politik der Represionsverminderung

Wir haben gesehen, daß es eine Vielzahl von Argumenten gibt, die für eine Repressionsverminderung im Bereich der Heroin- und Drogen-Politik sprechen. Im folgenden sollen nun Möglichkeiten konkretisiert und diskutiert werden, die eine Verminderung von Repression darstellen. Am Anfang stehen hierbei die sog. *Methadon-Programme*, deren umfassende Einrichtung zur Zeit in der Bundesrepublik recht kontrovers diskutiert wird. Die Diskussion über Methadon kann zudem als exemplarisch im bezug auf eine begrenzte Freigabe von Opiaten angesehen werden.

Im Anschluß daran wird die Einrichtung sog. *Heroin-Programme* diskutiert und einer kritischen Betrachtung unterzogen. Den Abschluß bildet die Darstellung und Bewertung dreier Möglichkeiten der Entkriminalisierung im Zusammenhang mit Heroin.

3.1. Methadon-(Polamidon-)Programme

3.1.2. Allgemeines

Methadon ist ein synthetisches Opiat. Bei seiner Herstellung entstehen R- und L-Polamidon (R und L beziehen sich auf die physikalische Eigenschaft, polarisiertes Licht nach links bzw. rechts zu drehen) - Methadon ist ein Gemisch dieser beiden Substanzen (vgl. Grimm 1985, S.183/184; Rösinger 1988, S.1).

In der Bundesrepublik ist nur reines L-Polamidon verschreibungsfähig, Methadon dagegen steht in Liste II des BtMG und ist daher lediglich verkehrs-, nicht aber verschreibungsfähig. So gesehen kann es in der Bundesrepublik momentan lediglich 'Polamidon-Programme' geben[51]. Trotzdem soll im folgenden von 'Methadon-Programmen' (MP) die Rede sein, da dies der international ge-

---

[51]Methadon-Programme bzw. -Verschreibung würden eine Umstellung von Liste II in Liste III des BtMG erfordern.

bräuchlichste Begriff für Substitutions-Programme ist und die beiden Substanzen im übrigen die gleiche Wirkung haben.

Methadon besitzt die gleichen Wirkungen wie andere Opiate auch und ist mit diesen kreuztolerant, d.h. Heroin und Methadon können sich wechselseitig ersetzen, so daß bei einer bestehenden Abhängigkeit keine Entzugssymptome körperlicher Art auftreten, wenn man die Substanz wechselt. Zudem kann bei einer ausreichend hohen Dosis Methadon die euphorisierende Wirkung von Heroin verhindert werden, so daß der zusätzliche Konsum von Heroin dem Konsumenten keinen Gewinn bringt (vgl. Quensel 1982, S.141; Grimm 1985, S.183-185).

Methadon kann, neben anderen Formen der Einnahme, auch oral eingenommen werden - etwa auch mit Orangensaft vermischt - womit etwaige negative Folgen des unsterilen Injizierens (Infektionen, Abszesse etc.) entfallen. Darüber hinaus besitzt Methadon eine längere Halbwertzeit, d.h. die Substanz bleibt im Körper etwa zwei- bis dreimal solange wirksam wie Heroin, so daß sie in der Regel nur einmal täglich eingenommen werden muß; dagegen muß Heroin meist zwei- bis mehrmals täglich dem Körper zugeführt werden, um Entzugserscheinungen zu vermeiden (vgl. Quensel 1982, S.141).

Der wichtigste Unterschied zwischen Methadon und Heroin besteht allerdings darin, daß Methadon (L-Polamidon) vom Arzt legal verschrieben werden kann, während Heroin zur Verschreibung nicht zugelassen und damit in jeder Hinsicht verboten ist.[52]

Wie jedes andere Opiat, das in reiner Form und richtiger Dosierung appliziert wird, hat auch Methadon, abgesehen von einer möglichen Abhängigkeit, keine nennenswerten Nebenwirkungen - auch Arbeits- und Leistungsfähigkeit werden in der Regel nicht beeinträchtigt (vgl. Grimm 1985, S.184).

---

[52]Heroin steht, wie wir oben bereits festgestellt haben, in Liste I des BtMG und ist damit weder verschreibungs- noch verkehrsfähig.

Damit sind die wesentlichen pharmakologischen Voraussetzungen einer Substitution durch Methadon aufgezeigt.

Die momentan in der Bundesrepublik diskutierte Organisation der Vergabe von Methadon sind sog. Methadon-Programme (MP), d.h. die in einem organisierten und zentralisierten Zusammenhang stattfindende Abgabe der Substanz.

Solche MP sind mittlerweile zu einer international anerkannten und praktizierten Behandlungsmethode herangereift. Auch in den meisten europäischen Ländern sind solche Programme eingerichtet worden, so z.B. in Italien, Holland, Belgien, Luxemburg, Frankreich, Spanien, Dänemark, Schweiz und Finnland (vgl. Böllinger 1987, S.60).

Grundsätzlich kann man unterscheiden in: 1. Methadon-Erhaltungs-Programme und 2. Detoxifikations-Programme. Erhaltungs-Programme sind langfristig oder unbefristet angelegt und halten den Betroffenen über lange Zeit auf einer individuell zu bestimmenden Dosis. Detoxifikations-Programme sind dagegen kurzfristig angelegt, d.h. die verabreichte Dosis wird innerhalb weniger Wochen immer weiter verringert, bis die Opiatfreiheit erreicht ist. Auch am Ende eines Erhaltungs-Programms kann eine Detoxifikations-Phase stehen, muß es aber nicht bzw. ist in ihrem Zeitpunkt nicht fixiert (vgl. Scheerer 1985a, S.243).

Die Behandlungsziele von Erhaltungs-Programmen stellen damit die Ziele drogenfreier Therapien auf den Kopf. Während Abstinenz-Therapien Drogenfreiheit als die Voraussetzung für gesundheitliche und soziale Stabilisierung sowie berufliche Rehabilitation ansehen, sind Substitutions-Programme gesundheitliche und soziale Stabilisierung, aber auch berufliche Rehabilitation, die Voraussetzung für Drogenfreiheit. So gibt z.B. das Ministerium für Arbeit, Gesundheit und Soziales (MAGS) von NRW die Prioritäten seiner Substitutionsbehandlung in der Erprobungsphase in folgender Reihenfolge an:

"- soziale Integration
- gesundheitliche Stabilisierung
- berufliche Rehabilitation
- und auch Opiatfreiheit" (MAGS/NRW 1987a, S.15)[53]

Die Vergabe von Methadon ist somit als eine Form der akzeptierenden Drogenhilfe zu bezeichnen, da Drogenkonsum kurzfristig oder über längere Zeit akzeptiert wird, d.h. Abstinenz wird konsequent als Ziel der Behandlung gesehen. Es sei an dieser Stelle noch angemerkt, daß MP immer ambulante Formen der Hilfe sind[54], d.h. der Konsument bleibt weiterhin in seine soziale Umwelt integriert und wird nicht, wie in stationären Abstinenz-Therapien, isoliert.

In der Bundesrepublik werden MP erst intensiver diskutiert, seitdem eine hohe Infektionsrate mit HIV unter den intravenösen Drogenkonsumenten erkannt worden ist. So waren bisher häufig eine HIV-Infektion und/oder eine AIDS-Erkrankung eine der Voraussetzungen, um überhaupt an einem MP teilnehmen zu dürfen. Methadon-Vergabe wird auch heute noch des öfteren als Einzelfallhilfe bezeichnet und hat den Status einer etablierten Behandlungsmethode noch nicht erlangt. So kann der Zugang zu einem MP durch eine Reihe von Auf- und Teilnahmebedingungen erschwert und/oder verhindert werden, was sich natürlich auf das potentielle Klientel sowie die Verbleibequote im Programm auswirken kann[55].

---

[53] vgl. auch die Behandlungsziele der Direktion des Gesundheitswesens des Kantons Zürich 1987, S.1

[54] Scheerer stellt für die USA, in denen bereits seit 1965 MP in breitem Umfang eingeführt wurden, fest: "In der Regel handelt es sich um Methadone-Maintenance-Programs (MMP), in denen Heroinabhängige sich täglich in bestimmten Behandlungszentren einfinden, um dort ihr in einem Fruchtsaft aufgelöstes Methadon in Empfang zu nehmen. Durch Urinkontrollen wird gleichzeitig die Einnahme anderer zusätzlicher Drogen überprüft ... in den letzten Jahren wird die Methadon-Behandlung durch flankierende sozialarbeiterische Maßnahmen bei beruflicher und sozialer Rehabilitation unterstützt." (Scheerer 1985a, S.243; vgl. auch Stein-Hilbers 1980, S.25/26)

[55] Natürlich kann ein MP niemals alle Abhängigen erreichen, denn, so sagt es z.B. auch der niederländische Junkie-Bond ganz deutlich, die Klienten "seien im Grunde Heroin- und nicht Methadonkonsumenten" (Bossong/Pyttlik/Schaaber, S.148). Trotzdem haben auch Auf- und Teilnahmebedingungen einen erheblichen Einfluß. So legt z.B. das MAGS/NRW als Kriterien für die Aufnahme fest:
"- zwei gescheiterte mehrmonatige Abstinenztherapien,
- mehrjährige Opiatabhängigkeit, keine bestehende Mehrfachabhängigkeit,

Die vorgetragenen allgemeinen Ausführungen deuteten Möglichkeiten und Chancen einer Methadon-Vergabe bzw. Substitution an. Allerdings sind die Gegner von MP zahl- und einflußreich. Im folgenden sollen daher die Hauptargumente dieser Gegner aufgezeigt und diskutiert werden, um daran anschließend zu einer realistischen Einschätzung der Möglichkeiten und Grenzen von MP zu gelangen.

3.1.2. Kritische Diskussion der Argumente gegen Methadon-Programme

3.1.2.1. 'Der illegale Markt weitet sich aus!'

Daß sich der illegale Markt durch die Einrichtung eines MP ausweitet, ist eines der Hauptargumente der Methadon-Gegner (vgl. z.B. Ärztekammer Berlin 1987, S.26/27; Heckmann 1985, S.130/131; Schönhofer 1985, S.103).

Die Gefahr der Ausweitung sieht man in zweierlei Hinsicht. Zum einen wird beklagt, daß die Kontrolle in einem MP nie so stark sein könne, daß nicht einige Klienten Teile ihrer Dosis auf dem Schwarzen Markt verkaufen könnten. Dadurch würde der illegale Markt ausgeweitet, zumindest aber stabilisiert (so z.B. Ärztekammer Berlin 1987, S.26/27). Dem ist mit Grimm sowie Quensel entgegenzuhalten, daß auch das auf dem Schwarzmarkt erworbene Methadon in den

---

- Mindestalter 22 Jahre,
- keine bestehende unbehandelte Alkoholabhängigkeit,
- Teilnahme am Betreuungsprogramm mit dem Ziel der Rehabilitation." (MAGS/NRW 1987a, S.7/8)
Betrachtet man demgegenüber die offiziellen amerikanischen Regeln der 'Food and Drug Administration' (FDA), die über die Zulassung jedes einzelnen MP entscheidet, so wird deutlich, daß ein amerikanisches MP grundsätzlich bzw. potentiell weitaus mehr Betroffene ansprechen bzw. aufnehmen kann. Die Aufnahmebedingungen lauten hier:
(1) Die Teilnahme soll freiwillig sein,
(2) Der künftige Patient muß wenigstens zwei Jahre heroin- oder morphinabhängig gewesen sein und zur Zeit noch abhängig sein, was nachzuweisen ist durch
a) Abstinenz-Syndrom (Nasentriefen, Tränen, Pilo-Erektion, Erweiterung der Pupillen)
b) Positive Morphin-Heroin-Analyse
c) Einstiche
(3) Minimales Alter ist 18 Jahre; oder 16 Jahre mit Zustimmung des gesetzlichen Vertreters." (zit. nach Quensel 1985, S.170)

meisten Fällen therapeutischen Zwecken dient, so etwa der selbstdurchgeführten Detoxifikation oder um Entzugserscheinungen zu vermeiden (vgl. Grimm 1985, S.216; Quensel 1982, S.213). Insofern hat Schwarzmarkt-Methadon durchaus auch positive Seiten. Zudem muß festgestellt werden, daß, je niedrigschwelliger bzw. offener ein MP ist, desto mehr der illegale Markt seine Notwendigkeit verlieren wird.

Zum anderen bringt beispielsweise Heckmann vor, ein solches Programm würde den Schwarzmarkt nicht einengen, sondern ihn vielmehr dazu veranlassen, verstärkt neue Kunden zu werben, um den Heroin-Absatz zu sichern (vgl. Heckmann 1979, S.41; ähnlich Kemper, S.63). Zu diesem Argument - sollte es wirklich zutreffen - ist zu sagen, daß es auf jegliche Art von Therapie zutrifft. Auch ein drogenfreies Therapiekonzept muß sich, wenn es den Anspruch erhebt, erfolgreich sein zu wollen, diesen Vorwurf machen lassen. Zudem ist anzunehmen, daß ein MP auch die abhängigen Kleindealer erfaßt - und zwar je offener das Programm, desto mehr (vgl. z.B. Kapuste 1978, S.64). Auch geht ein solches Argument davon aus, daß die Heroin-Nachfrage beliebig ausweitbar ist und zu einem dementsprechenden Anstieg der Abhängigenzahl führen kann, was zumindest anzweifelbar ist (vgl. Quensel 1982, S.214).

Dagegen ist es eher wahrscheinlich, daß MP den illegalen Markt nicht eliminieren können, da es immer noch Personengruppen geben wird, die auf ihn angewiesen sind. Hier wären zunächst die nicht-abhängigen Heroinkonsumenten und Abhängige, die doch lieber weiterhin Heroin konsumieren wollen, anstatt Methadon zu sich zu nehmen, zu nennen. Auch Abhängige, die an den Aufnahmekriterien eines MP gescheitert sind und Methadon-Klienten, die nebenher gelegentlich Heroin konsumieren sowie potentielle Neueinsteiger, die es natürlich auch weiterhin geben wird, sind auf das illegale Heroin mit allen seinen Gefahren angewiesen.

Ein MP kann daher nicht den Schwarzmarkt beseitigen, es kann ihm lediglich einen Teil seiner Kundschaft entziehen; und es kann diesen Betroffenen ein Opiat anbieten, das nicht die mit der Illegalität verbundenen Gefahren und Kosten mit sich bringt.

3.1.2.2. 'Methadon-Programme tragen nicht zur Verringerung der Beschaffungskriminalität bei!'

In MP wird Methadon in der Regel kostenlos abgegeben, d.h. für den am Programm Beteiligten gehen die Kosten für die Droge gegen Null. Das Aufbringen der finanziellen Mittel für den Erwerb auf dem illegalen Markt fällt für ihn zumindest prinzipiell weg. Diese Gegebenheit trägt für viele Methadongegner allerdings nicht dazu bei, daß sich die Beschaffungs- und sonstige Kriminalität der Abhängigen dadurch verringert (so z.B. Täschner 1988, Sp.3; Heckmann 1985, S.130).

Dieser These ist zunächst entgegenzuhalten, daß keine Maßnahme, Therapie oder auch Strafe sicherstellen kann, daß Kriminalitätsraten grundsätzlich sinken. Allerdings weisen die Studien zur kriminalitätsreduzierenden Wirkung von MP, die ausführlich von Kemper sowie Quensel untersucht wurden, durchaus eine Kriminalitätsreduzierung bis zu 90% aus (vgl. Kemper 1980, S.64ff. sowie Quensel 1982, S.214ff.). Orientiert sind diese Zahlen und Werte jedoch immer an Verhaftungen und/oder Verurteilungen, d.h. an Kriminalitätsstatistiken, deren zweifelhafter Aussagewert bereits oben deutlich gemacht wurde. So könnte es also sein, daß Klienten eines MP von der Polizei entweder weniger aber auch stärker verfolgt werden. Eine bestehende 'Behandlung' kann zugunsten eines Täters ausgelegt werden, da er ja scheinbar die Bereitschaft zur 'Änderung seines Lebens' aufweist, oder aber zu mehr Strenge führen, da er trotz der Behandlung sein Leben so weiterführt wie bisher. Eine andere Möglichkeit wäre die, daß ein Substitutionsklient seine Tat überlegter und vorsichtiger begehen kann, dadurch die Entdeckungswahrscheinlichkeit sinkt und er so nicht als Tatverdächtiger, Verurteilter etc. in der Statistik auftaucht (vgl. Sickinger 1983, S.290).

Im ganzen läßt sich sagen, daß Untersuchungen zur Kriminalitätsreduzierung im Zusammenhang mit MP wenig aussagekräftig sind, da sie die komplexen Bedingungen der Strafverfolgung gerade in diesem Bereich (z.B. verändertes Verhalten der Instanzen sozialer Kontrolle, verändertes Verhaftungsrisiko bei Methadonklienten etc.)

unberücksichtigt lassen (vgl. Kemper 1980, S.65/66).

Trotz der Schwierigkeiten der statistischen Erfassung ist sich allerdings der Großteil der Literatur darüber einig, daß MP die Kriminalität der am Programm Beteiligten reduzieren können - und zwar sowohl die 'unmittelbare Rauschgiftkriminalität' (Besitz, Erwerb, Handel) als auch die Beschaffungskriminalität - auch wenn das Ausmaß in Zahlen (noch) nicht zwingend belegt werden kann[56].

Quensel weist überdies darauf hin, daß MP eine Form der sozialen Hilfe darstellen und daß die Erteilung einer solchen grundsätzlich nicht an eine Kriminalitätsreduzierung geknüpft sein sollte:

"Warum aber soll Therapie, soll Methadon, soll soziale Hilfe nicht auch dann gewährt werden, wenn die Kriminalität in sich gleich bliebe? Wer würde denn wohl dem Delinquenten den Zahnersatz verwehren, obwohl ein gezogener Zahn bisher nur wenig die Kriminalität vermindert haben mag." (Quensel 1982, S.216).

Wer die Erteilung von Hilfe an den Nachweis der Kriminalitätsreduzierung knüpfe, so stellt Quensel richtig fest, begebe sich in eine doppelte Gefahr, nämlich zum einen kann der Einsatz dieser Hilfe als besser funktionierende Kontrolle mißbraucht, zum anderen bei Nichteinlösung der Erwartungen aufgegeben werden - Therapie könne Strafe nur solange ersetzen, solange die Therapie funktioniere.

Abschließend muß berücksichtigt werden, daß eine Änderung des 'kriminellen Verhaltens' bei dieser Klientel einen Prozeß beschreibt, d.h. wer jahrelang in einer auf 'kriminellen Aktionen' notgedrungen gründenden Subkultur gelebt hat, kann dieses Verhalten möglicherweise nicht immer von einem Tag auf den anderen aufgeben. Ein MP kann allerdings eine Chance anbieten, aus diesen Strukturen, wenn auch langsam, herauszuwachsen und so für den einzelnen eine Reduktion seiner strafbaren Handlungen bedeuten.

---

[56]Vgl. z.B. Kemper 1980, S.67; Quensel 1982, S.223/224; Schönhofer 1987, S.49; Kappel/Scheerer 1980, S.51; Sickinger 1983, S.290; Böllinger 1987, S.59 u.a.

3.1.2.3. 'Methadon-Programme halten Abhängige von einer drogenfreien Therapie ab!'

Viele Methadon-Gegner behaupten, daß MP die Motivation der Abhängigen zerstören, drogenfreie Therapien aufzusuchen und zu absolvieren. Außerdem sei der auf Methadon eingestellte Abhängige unfähig, tragfähige Entscheidungen, also auch die zu einer Abstinenz-Therapie, zu treffen (so z.B. Täschner 1988, Sp.3; Heckmann 1985, S.130; Ärztekammer Berlin 1987, S.26).

Dem ist entgegenzuhalten, daß kein Methadon-Befürworter Ersatzdrogen für ein Allheilmittel hält und eine drogenfreie Therapie wohl auch nicht grundsätzlich in Frage stellen würde. Vielmehr erhofft man sich von MP durchaus eine Motivation zur Abstinenz-Therapie bei solchen Klienten, bei denen es sinnvoll erscheint. Man glaubt, daß z.B. Erhaltungs-Programme wegen der langen und entlastenden Kontakte in einer besseren, weil freiwilligen Art und Weise, eine spätere Abstinenz-Therapie vorbereiten können, d.h. eine Therapie ist gegebenenfalls das erhoffte Ziel eines MP (vgl. Quensel 1985, S.139/140).

Darüber hinaus wird von Befürwortern stets dafür plädiert, keine 'schieren MP' einzurichten, d.h. Programme, in denen der Kontakt auf die Vergabe der Substanz reduziert ist. Vielmehr wird es als notwendig angesehen, ein breites medizinisches, sozialpädagogisches und 'therapeutisches' Begleitprogramm anzubieten, d.h. das Angebot von Hilfe jeglicher Art ist in der Regel integraler Bestandteil der geforderten Substitutions-Programme (vgl. a.a.O., S.145/146). Dabei steht allerdings nicht die Drogenfreiheit am Anfang der 'Behandlung', sondern vielmehr soziale und berufliche Integration bzw. Rehabilitation, die hier als Voraussetzung von Drogenfreiheit bzw. einer drogenfreien Therapie angesehen werden (vgl. Böllinger 1987, S.59). Die Entscheidungen, wann und welche Hilfeleistungen der Klient sich wünscht, sollen ihm überlassen bleiben. Insofern geht das Konzept der Substitution von einer grundsätzlichen Entscheidungsfähigkeit des Abhängigen aus und gerade die Ersatzdroge, d.h. die legale Substanz, gesteht ihm den sozialen, zeitlichen und angstfreien Raum der Selbstreflexion und damit die Entwicklung zu einer möglicherweise veränderten Einstellung zu seiner Sucht zu.

Zusammenfassend läßt sich sagen, daß MP die anderen drogenfreien Therapien nicht ersetzen, sondern die Palette der Hilfsangebote erweitern können. Zudem können MP für einige Klienten durchaus auch als Vorstufe einer anschließenden Abstinenz-Therapie gesehen werden. Auch werden diejenigen, die heute freiwillig eine Abstinenz--Therapie wählen, dies auch weiterhin tun. Das Argument, MP würden Abhängige von anderen Therapien abhalten, ist daher nicht schlüssig. Und Heckmann widerspricht sich quasi selbst, wenn er MP ablehnt, weil ihre Attraktivität zu gering sei (vgl. Heckmann 1982, S.248). An anderer Stelle (s.o.) geht er dagegen davon aus, daß die drogenfreie Therapie bei der Einführung von MP in Existenznot gerate, was im Prinzip für eine hohe Attraktivität spricht.

Diese Widersprüchlichkeit und gleichzeitig Verbissenheit der Gegner im Kampf gegen Methadon begründet den Verdacht, den im übrigen auch Quensel artikuliert, daß das hier diskutierte Argument eher aus existentieller Angst um den Arbeitsplatz, denn aus therapeutischer Sachlichkeit entstanden ist (vgl. Quensel 1982, S.233/234 sowie 1989, S.37). Diese Sorge um den existentiellen Bestand des drogenfreien therapeutischen Ansatzes ist allerdings nicht unbegründet, da es das Anliegen staatlicher Stellen ist, mit möglichst geringem Aufwand Drogenpolitik betreiben zu können. Würden die ambulanten und daher gegebenenfalls billigeren MP ihren Erfolg unter Beweis stellen können, bestände durchaus die Möglichkeit, daß der finanzielle und personelle Spielraum der stationären und damit relativ teuren Abstinenz-Therapien eingeschränkt würde[57]. Andererseits müßte berücksichtigt werden, daß der hohe Anteil unfreiwilliger Abstinenz-Therapie-Klienten (wir hatten oben einen Prozentsatz von ca. 70% festgestellt) möglicherweise sinken würde und die verbleibenden freiwilligen Teilnehmer auch eine höhere Erfolgsquote erwarten lassen, was dem Image dieser Therapien nicht abträglich wäre.

---

[57]Für das bisher einzige wirklich umfassend angegangene MP der Bundesrepublik, das vom MAGS/NRW im Erprobungsstadium durchgeführt wird, garantiert der zuständige Minister Heinemann allerdings sowohl den Ausbau als auch den Bestand der drogenfreien Rehabilitation (vgl. MAGS/NRW 1987a, S.2).

Insgesamt gesehen, scheint daher diese Sorge der therapeutischen Einrichtungen unbegründet, da sie weiterhin (vielleicht mit höherem Erfolg) arbeiten könnten und zum anderen im Rahmen des therapeutischen Begleitangebots der MP möglicherweise neue Arbeitsfelder entstünden.

3.1.2.4. 'Methadon-Programme führen zu doppelter und mehrfacher Abhängigkeit!'

MP, so argumentieren ihre Gegner, verhindern Drogenfreiheit und produzieren zudem eine Doppel- und Mehrfachabhängigkeit (so z.B. Heckmann 1985, S.130; Täschner 1988, Sp.1,3). Das Erreichen der Drogenfreiheit bei Methadon-Patienten geschehe, so Heckmann, allenfalls 'trotz der oder gegen die Ersatzdroge'.

Dieses Argument hat insofern eine gewisse Berechtigung, als in den ersten Wochen und Monaten einer Substitution Heroin und andere illegale und legale Drogen von nahezu allen Klienten zusätzlich konsumiert werden. Allerdings nimmt der Neben-Konsum proportional zur Dauer der Methadon-Vergabe ab.

So nahmen im 'Santa Clara County Methadone Program' zunächst 100% der Klienten noch Heroin zu sich, nach drei Monaten jedoch betrug der Anteil 30% und nach neun Monaten nur noch 20% (vgl. Kappel/Scheerer 1980, S.52). Im weiteren Verlauf hörte der Beikonsum von Heroin nahezu völlig auf (vgl. auch Quensel 1982, S.196; Grimm 1985, S.212/213).

Auch der Konsum anderer legaler und illegaler Drogen nimmt im Laufe eines MP ab und stabilisiert sich im Bereich des Durchschnitts-Konsums der 'Normal-Bevölkerung' (vgl. Quensel 1985, S.140; Kappel/Scheerer 1980, S.57). Damit ist natürlich nicht die von Heckmann geforderte 'totale Abstinenz' von allen Drogen erreicht, aber immerhin eine 'Normalisierung' des Umgangs mit ihnen (vgl. Heckmann 1982b, S.22).

Darüber hinaus ist Opiat- bzw. Drogenfreiheit nicht das primäre Ziel eines MP, sondern soziale und gesundheitliche Stabilisierung sowie berufliche Rehabilitation. Grimm ordnet sogar das Erlernen eines kontrollierten Heroin-Konsumverhaltens in die Kategorie 'Heilung' ein, was natürlich berechtigt ist, da kontrollierter Konsum die einzige nennenswerte Nebenwirkung des Heroins - die Abhängigkeit - ausschaltet (vgl. Grimm 1985, S.191/192). Quensel plädiert zudem dafür, den Konsum von Nikotin und Marihuana sowie 'normalen' Alkoholkonsum als 'drogenfrei' einzustufen, wie es in Amerika üblich ist, da dies dem 'normalen Konsumverhalten' der Bevölkerung entspricht (vgl. Quensel 1982, S.195/196).

Es ist daher festzustellen, daß das Argument der Methadon-Gegner, MP würden zu Doppel- und Mehrfachabhängigkeit führen, nicht zutrifft, da sowohl der Gebrauch von Heroin nahezu vollständig aufhört als auch der exzessive Gebrauch anderer Drogen im Laufe des Programms nachläßt und sich zunehmend 'normalisiert' und stabilisiert. Auch unterliegen die Gegenargumente immer noch dem starren Ideal der Abstinenz, d.h. Abstinenz wird als Voraussetzung und Ziel der Behandlung betrachtet. Dagegen ist Abstinenz im MP allenfalls langfristiges Ziel und auch ein kontrollierter Gebrauch von Drogen wird als Erfolg gesehen. Von daher ist Abstinenz - im Sinne der aktuell herrschenden Drogenpolitik - keine angemessene Kategorie zur Messung vom Erfolg eines MP.

Abschließend muß erwähnt werden, daß das Ziel der absoluten Opiatfreiheit, also sowohl von Heroin als auch von Methadon, bei ca. 30 - 40% der mit Methadon Substituierten erreicht wird (MAGS/NRW 1987a, S.6). Dies ist eine Abstinenz-Erfolgsquote, welche an die der drogenfreien stationären Therapie zumindest heranreicht, wenn diese nicht gar übertrifft. Berücksichtigt man zudem die selbstgesteckten Ziele eines MP, wie gesundheitliche, soziale und berufliche Stabilisierung, so ist der Erfolg noch weitaus höher anzusetzen Entscheidend jedoch ist, daß diese Erfolge jenseits von Isolation und stationärem Zwang erzielt werden, d.h. ambulant und damit gesellschaftlich integriert und integrativ.

3.1.2.5. 'Methadon-Programme verbessern nicht die Prognose HIV-Infizierter!'

Einige Methadon-Gegner behaupten, MP verhinderten weder die weitere Verbreitung der HIV-Infektion, da in den Programmen weiterhin ein intravenöser Umgang mit Drogen bestehe, noch könnten sie im Falle einer Infektion die gesundheitliche Lage des infizierten oder erkrankten Klienten verbessern, da Methadon die Abwehrlage von HIV-Infizierten schwäche (so z.B. Täschner 1988, Sp.3; Ärztekammer Berlin 1987, S.27).

Der erste Teil dieses Arguments wurde oben bereits widerlegt, da gezeigt worden ist, daß der Gebrauch von Drogen und insbesondere Heroin zurückgeht, d.h. zum einen verringert sich rein quantitativ die Konsumhäufigkeit und damit die Wahrscheinlichkeit einer Infektion, zum anderen hat ein gelegentlicher Konsum von Heroin auch eine andere Qualität, da er bewußt und damit eventuell auch vorsichtiger praktiziert wird. Das kann bedeuten, daß man für gelegentlichen Konsum eher eine Einwegspritze benutzt, da keine Entzugserscheinungen körperlicher Art vorhanden sind und man von diesen auch nicht zur unmittelbaren überstürzten Injektion gezwungen wird. Aufklärung könnte zudem dazu veranlassen, Heroin anders zu konsumieren, etwa zu rauchen oder zu sniffen, womit eine Infektion ebenfalls ausgeschlossen wäre.

Der zweite Teil des Arguments, daß Methadon die Abwehrlage von HIV-Infizierten schwäche, mag zutreffen, allerdings wird hierbei vergessen, welche verheerenden Folgen der illegale Heroinkonsum mit sich bringt. Ein MP dagegen bietet dem Infizierten eine kontinuierliche medizinische Versorgung, eine Verbesserung des Ernährungszustandes und ein Leben jenseits von Verelendung und Kriminalisierung an (vgl. Becker, S. u.a. 1988, S.7; Böllinger 1987, S.59).

Eine Substitution kann daher einem infizierten - zu einer Abstinenz-Therapie nicht motivierten - Abhängigen lebenswichtige Hilfen anbieten, deren - den Gesamtzustand verbessernden - Vorteile eventuelle Nebenwirkungen bei weitem überwiegen. Böllinger macht hier zu Recht darauf aufmerksam, daß auch in anderen Fällen die Vor-

und Nachteile einer medikamentösen Behandlung gegeneinander abgewogen werden (vgl. a.a.O., S.58). Es ist daher nicht schlüssig, warum von Methadon-Gegnern in diesem Fall die unübersehbaren Vorteile einer medikamentösen Behandlung konsequent übersehen und die vergleichsweise unbedeutenden Nachteile so überzeichnet in den Vordergrund gestellt werden.

3.1.2.6. 'Methadon-Programme verharmlosen die Opiat-Sucht!'

Es wird behauptet, daß die Ausgabe von 'Suchtmitteln' durch den Staat eine offizielle Verharmlosung der Opiat-Sucht bedeute (so z.B. Täschner 1988, Sp.2). Die staatlich lizenzierte Drogenvergabe schaffe Irritationen in der Haltung der Öffentlichkeit zu Drogenabhängigen und in der rechtlichen Bewertung von Drogenstraftaten (so z.B. Heckmann 1985, S.131).

Von der eigentlichen Substanz her betrachtet ist diese Behauptung wohl richtig. Allerdings sollte man die angeblich negativen Aspekte einmal von der positiven Seite her denken. Es ist richtig, daß MP dazu beitragen können, daß Opiate entdramatisiert werden, ihre ganz und gar negativ-gefährliche Bedeutung etwas relativiert wird. Nur sollte dies nicht unbedingt 'Verharmlosung' genannt, sondern vielmehr als ein Beitrag zur realistischen Betrachtung dieser Drogen gewertet werden. Es kann helfen, die pharmakologisch-bedingten von den sozial-bedingten Folgeerscheinungen des Konsums trennen zu lernen, um so - in der Tat - zu einer neuen Haltung gegenüber Drogenabhängigen bzw. -konsumenten und einer anderen rechtlichen Bewertung von 'Drogenstraftaten' zu gelangen. Natürlich wird es zu Irritationen kommen, wenn das von der bisherigen Drogenpolitik gepflegte Bild des Fixers plötzlich in einem anderen Licht erscheint. Aber diese Irritationen können durchaus produktiv genutzt werden, um einen anderen gesellschaftlichen Umgang mit Konsumenten illegaler Drogen zu ermöglichen und zu entwerfen.

Deshalb sollte man nicht Verharmlosung befürchten, sondern Aufklärung erhoffen, die einen weniger gefährlichen Konsum ermöglicht, und man sollte Irritationen nicht ausschließlich negativ betrachten, sondern auch auf ihre innovativen Aspekte vertrauen, die durchaus einen gesellschaftlichen Lernprozeß für den Umgang mit diesem 'Problem' bedeuten können.

3.1.2.7. 'Methadon-Programme führen zu totaler Kontrolle!'

Ein weiterer Kritikpunkt, der von einigen Methadon-Gegnern vorgebracht wird, ist der, daß MP staatliche Kontrolle ausweiten würden, was einerseits nicht therapieförderlich sei und andererseits die Entwicklung zum Polizeistaat unterstützen würde. Dabei wird eine Gefahr darin gesehen, daß dem Justizapparat und anderen Behörden Daten zugänglich würden, die zu statistischen Zwecken erhoben werden oder um zu verhindern, daß einige Klienten mehrere Vergabe-Stellen gleichzeitig anlaufen (vgl. Quensel 1985, S.140).

Diese Gefahr soll hier nicht bestritten werden. Allerdings sollte man sich in diesem Zusammenhang die Frage stellen, ob es denn eine stärkere Kontrolle gibt als die des staatlichen Strafverfolgungsapparates und ob der Umgang mit den Daten, die heute von Drogenberatung, Sozialamt und Therapieeinrichtung erhoben werden und die über die reinen Kriminal-Daten hinaus auch persönlichste - für den therapeutischen Prozeß notwendige - Daten enthalten, weitaus unproblematischer ist. Von dieser Perspektive aus erscheint die Gefahr der Kontrolle nicht mehr als schlagkräftiges Argument, es sei denn, man wollte die Kontrolle gänzlich aus dem Drogenbereich eliminieren. Dann allerdings sollte man darüber nachdenken, wie man staatliche Kontrolle grundsätzlich verringern kann, also z.B. indem man ein/e Zeugnisverweigerungsrecht/pflicht für Drogenberater, Sozialarbeiter, Therapeuten etc. fordert.

Das Vorhandensein und die Ausweitung von Kontrolle gerade an MP zu kritisieren und dies als Gegenargument vorzubringen, erscheint nicht schlüssig (vgl. a.a.O., S.141). Dies wiederum soll nicht bedeuten, daß man MP nicht als Teil des prohibitionistischen Systems benennt und darauf hinweist, daß sie dementsprechend Kontrolle und Disziplinierung implizieren.

3.1.2.8. 'Methadon-Programme erfassen nur die Abhängigen in größeren Städten!'

Zum Abschluß dieser Bedenken gegen MP ist noch zu berücksichtigen, daß solche Programme wohl in erster Linie in größeren Städten eingerichtet würden, d.h. Abhängige, die auf dem Land leben, würden von diesen Programmen nicht erfaßt, da ein tägliches Erscheinen in einer mehrere Kilometer entfernten Vergabe-Stelle zu zeitaufwendig wäre. Überdies ist davon auszugehen, daß den Programmen eine bestimmte Aufnahme-Kapazität vorgegeben ist, die sie gegebenenfalls daran hindert, alle Betroffenen, die dies wünschen, aufzunehmen.

Eine sich in diesem Zusammenhang anbietende Möglichkeit der - gerade auch dezentralen - Vergabe ist daher die Verschreibung von Ersatzstoffen durch den Hausarzt bzw. niedergelassene Ärzte. Die Effekte dieser Art der Vergabe sind grundsätzlich dieselben wie bei einem MP auch. Allerdings ist durch die vorhandene Infrastruktur der medizinischen Versorgung - auch in ländlichen Gebieten - ein flächendeckendes Angebot möglich. Zudem ist davon auszugehen, daß sich die Kapazitäten in diesem Bereich nicht so schnell erschöpfen. Auch kann der Betroffene einen Arzt seines Vertrauens wählen und ist nicht auf ein bestimmtes Team - wie im MP - festgelegt.

Um diese Form der Vergabe einzuführen, ist es allerdings zunächst wichtig, die jeweiligen Ersatzstoffe allgemein verschreibungsfähig zu machen. Zudem müssen klare Voraussetzungen für eine Verschreibung genannt werden, in deren Rahmen ein Arzt Ersatzstoffe verschreiben kann. Die heute herrschende diesbezügliche Unsicherheit, deren Konsequenz oft Sanktionen durch Strafgerichte und/oder Standesorganisationen sind, lassen die meisten Ärzte von einer substituierenden Behandlung von Abhängigen zurückschrecken (vgl. Scheerer 1985a, S.246/247).

Heck schlägt in diesem Zusammenhang vor, die Verschreibung gänzlich in die Verantwortung des behandelnden Arztes zu stellen.

Zwar sei die Ausgabe der Stoffe so kaum zu kontrollieren, aber man biete Hilfe in akuter Not für alle, gerade auch als Erhaltungs- und Überbrückungsmöglichkeit im Notfall; d.h. wenn aufgrund von Markt- oder Geldverknappung auf andere Drogen ausgewichen werden müßte (vgl. Heck, o.J., S.4).

Eine solche Methadon-Vergabe, die voll in der Verantwortung des Arztes stünde, könnte somit schnelle, unbürokratische und dezentrale Hilfe gewähren, und zwar sowohl für Klienten, die eine längerfristige Substitution - möglicherweise auch mit dem Ziel 'Opiatfreiheit' - wünschen als auch für solche, die 'lediglich' der kurzfristigen Überbrückung einer Markt- oder Finanzkrise bedürfen.

Insofern geht die ärztlich verantwortete Verschreibung in ihrer Attraktivität über die der MP hinaus und kann zudem auch in ein MP mit den entsprechenden sozialpädagogischen Angeboten einmünden oder diese parallel in Anspruch nehmen. Zudem besteht hier grundsätzlich die Chance, wie bei MP auch, den Betroffenen zu einer (drogenfreien) Therapie zu motivieren (vgl. Grimm 1985, S.221-225).

3.1.3. Versuch einer realistischen Einschätzung von Methadon-Programmen

MP sind keine gesellschaftlichen Allheilmittel; sie können nicht die gesellschaftlichen und individuellen Ursachen (wie etwa Arbeitslosigkeit, Perspektivlosigkeit, Umweltzerstörung etc.) des exzessiven und abhängigen Heroin-Konsums beseitigen. MP führen auch nicht zwingend zu Opiatfreiheit oder totaler Abstinenz und können nicht eine grundsätzliche Reduzierung von Kriminalität oder die Schwächung des illegalen Markts garantieren.

Trotzdem erscheint die Einrichtung solcher Programme sinnvoll. Ohne an dieser Stelle die konkrete Konzeption eines MP erarbeiten zu wollen, seien die prinzipiellen Vorzüge einer Substitution nochmals im Zusammenhang dargestellt:

a) Der entscheidende Vorteil eines MP ist die Legalität der Substanz. Dies ermöglicht grundsätzlich den Verzicht auf ein Erwerben von Opiaten auf dem illegalen Markt und der dazu notwendigen finanziellen Mittel, d.h. Beschaffungs- und Kriminalisierungsdruck besteht für die Programm-Teilnehmer prinzipiell nicht mehr. Auch wenn ein Nebenkonsum von Opiaten und/oder anderen illegalen Drogen weiterhin begrenzt praktiziert wird, stellt sich die Situation für die Betroffenen doch stark entschärft dar.

b) Durch die weitgehende Aufhebung von Verfolgungs- und Beschaffungsdruck ermöglichen MP die Reproduktion eines legalen und produktiven Lebenszusammenhangs, d.h. MP können zur sozialen und psychischen Stabilisierung ihrer Teilnehmer beitragen, gerade wenn sie langfristig angelegt und als Erhaltungs-Programm konzipiert sind.

c) Die kontinuierliche und langfristige medizinische Betreuung, die ein MP begleiten sollte, kann zudem eine gesundheitliche Stabilisierung ermöglichen. Zum einen ist die legale Substanz sauber, d.h. nicht gestreckt und daher einschätzbar, zum anderen wird das Infektionsrisiko durch unsterile Spritzen mittels oraler Applikation reduziert. Auch die übrigen fixertypischen Erkrankungen, die quasi alle ihren Grund in der Illegalität haben (s.o.), können so behandelt oder gar vermieden werden. Vor allem bei HIV-Infizierten oder -Erkrankten ist eine kontinuierliche medizinische Betreuung erforderlich und kann, z.B. auch mit einer Beratung in Ernährungsfragen, zu einer Verbesserung der gesundheitlichen Lage beitragen.

d) MP können zur Überbrückung von Versorgungsengpässen auf dem Heroinmarkt oder bei Geldmangel wahrgenommen werden. Ein lebensgefährliches Ausweichen auf andere Drogen, die über den Entzug hinweghelfen sollen, wie etwa Barbiturate, könnte so verhindert werden (vgl. Scheerer 1985a, S.244). Dieser Aspekt sollte auch dann als sinnvoll angesehen werden, wenn der Betroffene wieder in die Szene zurückkehrt, da man ihn wenigstens über diese gefährliche Zeit hinweggerettet hat.

e) MP sind keine Abstinenztherapien. Sie stellen daher eine Erweiterung der Hilfsangebots-Palette dar, die sich in der Bundesrepublik heute nahezu ausschließlich auf drogenfreie Hilfe und Therapie beschränkt. Mit einem Substitutionsangebot kann auch den Abhängigen Hilfe angeboten werden, die an Abstinenz-Therapien scheitern oder eine solche nicht wollen, d.h. die Attraktivität der gesamten Angebots-Palette wird erhöht, was latent eine Ausweitung der Kontrolle bedeutet, da Behandlung potentiell perfektioniert wird.

f) MP sind zudem ambulant konzipiert, d.h. der Betroffene verbleibt in seinem sozialen Umfeld. MP sind somit in gesellschaftliche Prozesse integriert und damit prinzipiell integrativ. Das führt zum einen dazu, daß sich die Gesellschaft mit Drogenkonsum und -abhängigkeit auseinandersetzen muß, denn die Abhängigen werden nicht hinter den Mauern von Therapieeinrichtungen isoliert bzw. versteckt. Zum anderen kann/muß sich der Betroffene in einer für ihn durch die 'legale Situation' (subjektiv) veränderten gesellschaftlichen Umwelt zurechtfinden bzw. entwickeln (vgl. z.B. Kappel/Scheerer 1980, S.54). Die Gefahr einer Hospitalisierung, wie sie etwa in stationären Langzeittherapien und im Straf- und Maßregelvollzug vorhanden ist, besteht bei MP somit nicht (vgl. auch Böllinger 1987, S.59).

g) Methadon ist in reiner Form, wie jedes andere Opiat auch, bei richtiger Dosierung absolut ungefährlich. Zudem bleibt der Substituierte grundsätzlich schul- und arbeitsfähig, kann am Straßenverkehr teilnehmen und z.B. auch gefährliche Maschinen bedienen (vgl. Grimm 1985, S.184; Quensel 1982, S.189). Insofern ermöglicht das legale Opiat Methadon ein 'normales' Leben.

Effektivität und Erfolg solcher Substitutionsprogramme sind natürlich von der jeweiligen Ausgestaltung abhängig. So nützen MP nur denen etwas, die daran teilnehmen dürfen bzw. auch wollen. Die Kriterien und Voraussetzungen der Aufnahme in bzw. Teilnahme an einem solchen Programm sind daher der zentrale Punkt, an denen sich ihre Attraktivität und somit Effektivität festmachen läßt. So haben die Aufnahmebedingungen direkten Einfluß auf die Zahl der Teilnehmer, d.h. je niedrigschwelliger das Programm konzipiert ist, je größer wird die Zahl der potentiellen und tatsächlichen Teilnehmer sein (s.o.). Je größer die Akzeptanz (z.B. bei Nebenkonsum von Heroin) und je niedriger die Kontrolle und Repression während des Programms angelegt sind, desto größer wird sich die Attraktivität für die Betroffenen darstellen und damit die Verbleibquote im Programm. Je größer und besser das *Angebot* von medizinischer, sozialpädagogischer und therapeutischer Betreuung ist, desto besser und mehr wird man die Betroffenen erreichen und ihnen die individuell sinnvolle Hilfe zukommen lassen können.

In Bezug auf Aufnahmekapazität sowie Attraktivität für die in ländlichen Gebieten wohnenden Abhängigen, bietet sich zudem eine Versorgung mit Methadon durch niedergelassene Ärzte an.
Zusammenfassend läßt sich sagen, daß die Vorteile einer Substitution die Nachteile bei weitem übertreffen. Die Einrichtung von MP erscheint gerade in der aktuellen drogenpolitischen Situation als Bereicherung und Ergänzung der ausschließlich drogenfrei konzipierten Hilfs- und Zwangsmaßnahmen. MP können einen ersten Schritt auf dem Weg zu mehr Akzeptanz gegenüber Opiatkonsumenten darstellen und sind eine notwendige Einrichtung im Kampf gegen die psychische, soziale und gesundheitliche Verelendung von Opiatabhängigen. Dabei ist die Attraktivität und Effektivität dieser Programme vom Grad der Akzeptanz und Niedrigschwelligkeit abhängig.

Inwiefern MP eine Form der Entkriminalisierung darstellen, muß im folgenden noch geklärt werden.

3.1.4. Methadon-Vergabe und Entkriminalisierung

Legen wir die oben getroffene juristische Definition von Entkriminalisierung zugrunde, so ist festzustellen, daß die Vergabe von Methadon keine Form der Entkriminalisierung darstellt. Weder wird ein Verhalten aus dem Katalog der strafbaren Handlungen ausgegliedert, noch werden Strafen herabgesetzt (Entpoenalisierung) oder Personen entkriminalisiert. Die Droge Heroin bleibt weiterhin im gleichen Maße illegal, die Handlungen, die mit ihr im Zusammenhang stehen, strafbar.

Trotzdem können wir eine Entkriminalisierung im Sinne Brustens konstatieren, die, wie oben dargestellt wurde, die Aufhebung einer Situation bedeutet, die jemanden zwingt, 'kriminelle Handlungen' zu begehen. Diese rein soziologisch bestimmte Bedeutung des Begriffs trifft auf die Wirkung von Methadon-Vergabe zu, da Methadon-Vergabe - wie wir gesehen haben - die Notwendigkeit zur direkten und indirekten 'Rauschgiftkriminalität' reduziert bzw. aufhebt.

Allerdings muß hier gesagt werden, daß diese Wirkung ausschließlich die Substitutions-Patienten betrifft. Für die schätzungsweise vielen anderen, die ihre Abhängigkeit auch weiterhin vorzugsweise mit Heroin befriedigen oder die zur Methadon-Vergabe nicht zugelassen werden, für die gelegentlichen Heroin-Benutzer und vor allem für die Neueinsteiger, ändert sich nichts. Sie werden auch weiterhin staatlich repressiv verfolgt, verhaftet und weggesperrt, sind auf den verunreinigten 'Straßen-Stoff' sowie auf direkte und indirekte Beschaffungskriminalität angewiesen. Die soziale und gesundheitliche Verelendung dieser Gruppen von Konsumenten wird durch Methadon nicht reduziert.

Insofern sind die entkriminalisierenden Wirkungen, selbst im Sinne Brustens, allenfalls der begrenzten Gruppe der Programm-Teilnehmer zugänglich.

3.2. Heroin-Programme

Der Hauptunterschied zwischen Heroin und Methadon liegt, wie oben schon angedeutet, in der Illegalität bzw. Legalität begründet. Demnach sind die Erfolge und Wirkungen, die Methadon bzw. ein MP im gesellschaftlichen und individuellen Bereich aufzuweisen hat, im wesentlichen der legalen Verschreibung durch den Hausarzt bzw. dem unproblematischen Zugang in MP zuzuschreiben. Hier stellt sich nun unweigerlich die Frage, warum nicht gleich zur Vergabe von Heroin übergegangen wird (vgl. Quensel 1982, S.259).

Die mit MP angestrebten Ziele, wie etwa soziale und gesundheitliche Stabilisierung, Reduzierung der Beschaffungskriminalität etc.

ließen sich auch durch die Einrichtung von Heroin-Programmen (HP) erreichen[58].

Wie auch bei MP, ist die Reichweite von HP abhängig von der Ausgestaltung. Im folgenden sollen daher einige grundsätzliche Möglichkeiten von HP diskutiert werden.

3.2.1. Heroin als Einstieg in ein Methadon-Programm

Ein erster Schritt zur staatlichen Vergabe von Heroin könnte es sein, Heroin als Hilfe zum Einstieg in ein MP einzusetzen. Die z.B. von Heckmann konstatierte zu geringe Attraktivität von MP (vgl. Heckmann 1982c, S.248) könnte hiermit deutlich erhöht werden, da eine in diesem Rahmen legale Vergabe von Heroin weitaus mehr Abhängige anziehen könnte, als die Vergabe der Ersatzdroge Methadon (vgl. Quensel 1982, S.265).

Zudem wären die an einer solchen Vergabe Teilnehmenden auf verunreinigtes 'Straßen-Heroin' in keiner Weise mehr angewiesen, d.h. die negativen Begleiterscheinungen des Konsums von illegalem Heroin wären für dieses Klientel ausgeschaltet.

Allerdings zeigt schon die Anlage eines solchen Programms, daß die Vergabe von Heroin zeitlich begrenzt wäre, da Heroin nur als Einstieg in ein MP 'benutzt' wird. Das Heroin fungiert somit als eine Art 'Köder', um die Betroffenen zur Behandlung zu locken. Aus diesem Grund nennt Kaplan ein solches Vorhaben 'The Hook System' und bemerkt zu recht:

"Such a plan does not give full weight to the fact that addicts are intelligent human beings. It is likely that many would receive their heroin willingly but drop out of the program when the time came to stop their supply." (Kaplan 1985, S.183)

---

[58]vgl. Quensel 1982, S.259-265; Pommerehne/Hartmann 1980, S.133-141; Heck, o.J., S.1/2; Stein-Hilbers 1980, S.30; Leu 1984, S.158/159; Bülow 1989a, S.14, Kaplan 1985, S.153-187; Hartwig/Pies 1989, S.95

In diesem Zusammenhang taucht damit die Frage nach dem Umgang mit jenen Programm-Teilnehmern auf, die bei Heroin-Vergabe-Stop bzw. Umstellungsbeginn das Programm wieder verlassen. Läßt man sie nun nie wieder zu einem solchen Programm zu oder erst nach einer bestimmten Zeitspanne? Damit würde man die Betroffenen für immer oder für längere Zeit wieder den Gefahren des illegalen Heroins ausliefern. Läßt man sie allerdings wieder direkt ins Programm einsteigen, d.h. die Heroin-Vergabe beginnt von neuem, dann hat man quasi durch die Hintertür ein Heroin-Erhaltungs-Programm geschaffen.

"In this case it would be the addict, not the system, that held the hook." (a.a.O., S.184)

Zudem tauchen noch zwei grundsätzliche Probleme auf, die im übrigen jedes HP betreffen.

Zum ersten handelt es sich hierbei um die Reichweite des Angebots, denn sowohl MP als auch HP sind primär als Behandlung bzw. Erlangung von Behandlungs-Motivation gedacht, was bedeutet, daß die potentielle Klientel solcher Programme lediglich die sog. 'Kranken', d.h. die Abhängigen sein werden. Die übrigen, also Neueinsteiger und gelegentliche Konsumenten, werden auch mit HP nicht erreicht. Zu diesen Personengruppen gesellen sich noch diejenigen, die Schlender/Kaplan den 'harten Kern' nennen. Die Autoren betonen, daß man die Kraft und Macht einer attraktiven Drogen-Szene nicht unterschätzen solle, von deren positiven Aspekten einer alternativen 'Lebensstilszene' sich viele weiterhin stärker angezogen fühlen könnten, als von staatlich kontrollierten Heroin-Vergabe-Stellen[59]. Auch wird es schwer sein, die vielen 'Heimlichen', deren Abhängigkeit bisher nicht bekannt geworden ist, mit einem solchen Programm anzusprechen. Denn für sie kann die Registration bei Ärzten bzw.

---

[59]"Für den harten Kern der Fixer kann der Gang zur Klinik ein Zeichen der Resignation hin zur Konventionalität bedeuten. Die 'Überschreitungserfahrung' ist hin und mit ihr der Status innerhalb der Szene. Schwarzmarkt-Heroin wäre für den Abhängigen, der sich ein unkonventionelles Leben wünscht, Teil seiner ökonomischen Basis und seines Status." (Schlender/Kaplan 1980, S.42)

staatlichen Stellen durchaus die Gefahr mit sich bringen, daß die schwer gehütete Doppelidentität den Blicken der Öffentlichkeit und damit Bekannten, Familienangehörigen, dem Arbeitgeber etc. preisgegeben wird (vgl. Schlender/Kaplan 1980, S.42).

Zum zweiten taucht bei einer Vergabe von Heroin in Programmen das Problem der Halbwertzeit auf, d.h. Heroin ist lediglich sechs bis zwölf Stunden im Körper wirksam und muß daher zwei- bis viermal täglich eingenommen werden. Will man nun dem Abhängigen nicht seine tägliche Dosis zu einer bestimmten Tageszeit aushändigen, sondern besteht darauf, daß er die Substanz stets auf dem Gelände der Vergabe-Stelle einnimmt - z.B. um eine Weitergabe bzw. einen Weiterverkauf der Droge auf dem Schwarzen Markt zu verhindern - so ist der Betroffene gezwungen, mehrmals täglich bei der Vergabe--Stelle zu erscheinen. Dies unterbricht dann stets mehrmals seinen Tagesablauf und senkt dementsprechend die Attraktivität eines solchen Programms - gerade auch für diejenigen, die in einiger Entfernung zur Vergabe-Stelle wohnen (vgl. Kaplan 1985, S.173-177).

Will man das System der Einnahme in der Vergabe-Stelle trotzdem aufrechterhalten, so muß man die Infrastruktur dieses Vergabe-Systems verbessern. D.h. es müssen über die ganze Stadt bzw. das ganze Land für alle schnell erreichbare Vergabe-Stellen eingerichtet werden, um den Zeitaufwand für die Betroffenen nicht unerträglich zu machen und ihnen ein 'normales' Leben und Arbeiten zu ermöglichen. Die Kosten eines solchen Systems steigen damit erheblich an. Zudem ist eine Vielzahl von Personen in die Vergabe involviert, d.h. die Gefahr der Korruption und damit des 'Durchsickerns' auf den weiterhin bestehenden Schwarzen Markt steigt an. Aus der, wie wir oben gesehen haben, weiterhin bestehenden illegalen Nachfrage nach Heroin ergibt sich zudem die Gefahr, daß die Vergabe-Stellen 'überfallen' und 'ausgeraubt' werden (vgl. a.a.O., S.147). Bei einer breitgefächerten räumlichen Angebotsstruktur würde die Überwachung der Vergabe-Stellen sehr hohe Kosten produzieren, wenn eine Überwachung überhaupt möglich ist.

Es ist daher zusammenfassend festzustellen, daß ein solches Programm, das mit Heroin-Vergabe Methadon-Klienten 'ködern' will, keine wesentlichen Vorteile gegenüber einem MP bietet. Für die Programmteilnehmer erreicht man die gleichen Wirkungen, die auch ein MP erreichen kann. Die größere Attraktivität, die durch die Heroin-Vergabe vorhanden ist, wird durch die zeitliche Begrenzung der Vergabe weitgehend relativiert, es sei denn, man läßt die Aussteiger wieder einsteigen und schafft so de facto ein Erhaltungsprogramm.

Eine grundsätzliche Einnahme in der Vergabe-Stelle macht ein solches Programm außerdem unattraktiv im Vergleich zu einem MP, bei dem nur das täglich einmalige Erscheinen notwendig ist. Einer räumlich breiter gefächerten Angebotsstruktur, die die Attraktivität bzgl. des täglichen Zeitaufwandes erhöhen könnte, stehen die oben beschriebenen Sicherheitsrisiken der Korruption und Überwachung entgegen. Dies wiederum ist eine notwendige Folge des Umstandes, die Droge weiterhin prinzipiell in der Illegalität zu belassen und nur für die Programm-Teilnehmer die Substanz verfügbar bzw. relativ problemlos zugänglich zu machen.

Auch wenn in diesem Kapitel die grundsätzlichen Probleme von HP im allgemeinen schon angedeutet wurden, so soll im folgenden doch noch kurz auf verschiedene Modelle von Heroin-Maintenance-Programmen eingegangen werden, um von hier aus zu einer grundsätzlichen Bewertung von HP zu gelangen.

3.2.2. Heroin-Maintenance für anerkannt Abhängige

Ein etwas weitergehendes Konzept der staatlichen Heroinvergabe stellt ein Heroin-Maintenance-Programm (HMP) dar. Auch hierbei bleibt die Droge grundsätzlich illegal, wird aber allen oder - je nach Aufnahmekriterien - ausgewählten Abhängigen legal zur Verfügung gestellt und zwar für einen langfristigen oder unbefristeten Zeitraum. Die Vergabe der Substanz findet durch zentrale Vergabe-Stellen - wie etwa Kliniken oder durch niedergelassene Ärzte - statt.

Pommerehne/Hartmann schlagen in diesem Zusammenhang ein 'zweistufiges System' vor, mit dem sie glauben den illegalen Handel und Konsum von Heroin nahezu vollständig beseitigen zu können (vgl. Pommerehne/Hartmann 1980, S.135-141). Die erste Stufe stellt das Angebot von legalem Heroin durch zentrale Vergabe-Stellen an alle - staatlich offiziell - anerkannt Abhängigen dar. Um ein Durchsickern auf den Schwarzen Markt zu verhindern, müsse die Substanz, so Pommerehne/Hartmann, in der Vergabe-Stelle eingenommen werden[60]. Gleichzeitig solle die illegale Szene massiv überwacht werden, um die übrigen Konsumenten und Händler zu verunsichern, so daß das Risiko für diese Person maximiert werde. So wäre das Geschäft für die Händler zu gefährlich, damit unattraktiv und der Schwarze Markt bräche zusammen, die Händlerkreise würden sich auflösen[61].

Ist diese Situation erreicht, solle man mit Stufe zwei des Systems, der Entwöhnung der Betroffenen, beginnen. Diese würden langsam detoxifiziert und schließlich opiatfrei. Für diejenigen, die nicht entwöhnt werden könnten, biete der Staat bis ans Lebensende die legale Versorgung mit Heroin an.

Im idealen Fall hätte man somit alle Abhängigen unter staatlicher Kontrolle, der illegale Markt sei eliminiert und noch-nicht-abhängigen Konsumenten sei der Zugang zur Droge versperrt, da sie weder legal noch illegal die Droge erwerben könnten.

Gegen die völlige Funktionstüchtigkeit eines solchen Systems sprechen allerdings wiederum die in Kapitel 3.2.1. aufgezeigten Gründe. Wiederum erreicht man nur die Abhängigen, die eine staatliche Vergabe und Registration nicht scheuen. Die übrigen Konsumenten-Gruppen, deren Reduzierung von Pommerehne/Hartmann zu optimistisch prognostiziert wird, verbleiben in der Illegalität. Damit wird es auch grundsätzlich unwahrscheinlich, daß der illegale Markt

---

[60] Pommerehne/Hartmann halten in diesem Zusammenhang ein umfangreiches Verteilernetz für wichtig, um die Versorgung bei geringstmöglichem Aufwand für die Abhängigen zu sichern (vgl. a.a.O., S.136).

[61] Neueinsteiger würde es nicht mehr geben, so Pommerehne/Hartmann, da der illegale Markt nicht mehr existieren und das staatliche Programm sie nicht legal versorgen würde. Zudem seien die Händler an Neueinsteigern auch nicht mehr interessiert, da diese im Falle der Abhängigkeit aller Wahrscheinlichkeit nach in das staatliche Verteiler-System überwechseln würden (Pommerehne/Hartmann 1980, S.137).

völlig eliminiert wird. Zudem bestehen in diesem System die Risiken eines umfangreichen Verteiler-Netzes, auch wenn bzw. gerade weil der zeitliche Aufwand der Einnahme in der Vergabe-Stelle als Attraktivitäts-Kriterium eines solchen Programms erkannt wird. Insofern scheitert dieses Programm an seinen selbstgesteckten Zielen.

Ein anderes im Zusammenhang mit HMP häufig erwähntes System ist das der Drogenpolitik in England, wie sie dort bis Ende der 70er Jahre praktiziert wurde. Bis 1968 war es in Großbritannien jedem Arzt möglich, Opiate - und auch Heroin - zu verschreiben. Die wenigen Abhängigen, die es zu jener Zeit gab, waren zumeist durch die Behandlung chronischer Schmerzen opiatabhängig geworden und man betrachtete dieses Problem eher aus medizinischer als aus kriminalpolitischer Sicht (vgl. Kaplan 1985, S.157; Ghodse 1987, S.212; Kappel 1980, S.33). Als die Zahl der Abhängigen in den 60er Jahren anstieg und sich vor allem der Typus des Abhängigen wandelte[62], untersagte das Britische Parlament 1968 den niedergelassenen Ärzten die Verschreibung von Heroin, da man ein 'Durchsickern' auf den Schwarzen Markt befürchtete sowie damit einen weiteren Anstieg der Abhängigen-Zahlen[63], und übertrug sie einigen wenigen sog. 'Drogenkliniken'.[64]

Die Aufgabe dieser Kliniken, denen man die Verschreibung übertragen hatte, bestand nun darin, nicht zu viel zu verschreiben, um die Ausdehnung des Schwarzen Marktes nicht zu fördern und gleichzeitig nicht zu wenig zu verschreiben, um die Abhängigen nicht auf den illegalen Markt zu treiben. Dieser Aufgabe konnten die Kliniken

---

[62]"The new addicts were younger and less stable and had values very different from those of the medical addict." (Kaplan 1985, S.158)
"In the 1950's and 1960's addiction began to rise, a black market in narcotics developed, and a new kind of addict appeared - younger, more manipulative, and criminal." (Bakalar/Grinspoon, S.94)

[63]Man schrieb diese Effekte der verantwortungslosen Verschreibung bzw. 'Überverschreibung' der Ärzte zu (vgl. Kappel 1980, S.43; Johnson 1982, S.1154; Huber 1982, S.1164).

[64]Zudem wurde jeder Arzt, der von einem Patienten vermutete, daß dieser süchtig sei, dazu verpflichtet, dies der zentralen Registration beim Innenministerium zu melden (vgl. Kappel 1980, S.43; Pommerehne/Hartmann 1980, S.133).

allerdings nicht gerecht werden, da schon zwei Jahre nach der Übertragung der Heroin-Verschreibung in ihre Verantwortung das erste illegale und für den britischen Markt bestimmte Heroin von der Polizei beschlagnahmt wurde (vgl. Quensel 1982, S.262), was die oben aufgestellte These bestätigt, daß HP es nicht vermögen, den illegalen Markt zu eliminieren.

Daraufhin schränkte man die Heroin-Verschreibung immer mehr ein und verabreichte zunehmend spritzbares und später oral einzunehmendes Methadon. Heute wird in England quasi kein Heroin mehr verschrieben[65].

Die englische Drogenpolitik der Verschreibung von Heroin und dem zunehmenden Abrücken von diesem System ist damit ein gutes Beispiel für zweierlei Dinge. Zum einen ist der Erfolg einer solchen Strategie abhängig von den an sie gestellten Erwartungen. Diese Erwartungen bestanden in diesem Fall in einer Verhinderung der Ausbreitung des illegalen Handels und einer Verringerung der Abhängigen-Zahlen. Dieses Ziel konnte nicht erreicht werden[66].

Zum einen wird deutlich, daß HP bzw. Heroin-Verschreibung nicht wesentlich mehr Erfolge zeitigen können als MP, abgesehen davon, daß die legale Vergabe von Heroin für die betroffenen Abhängigen attraktiver, die potentielle Klientel sowie die Verbleibequote im Programm daher größer sein werden[67]. Dies liegt daran, daß

---

[65]Kaplan: "In short, as a practical matter, the 'British System' is no more." (Kaplan 1985, S.159; vgl. ausführlich auch Kappel 1980, S.34; Stein-Hilbers 1980, S.30/31; Quensel 1982, S.262/263; Ghodse 1987, S.212; Johnson 1982, S.1154)

[66]Allerdings muß festgehalten werden, daß das Ausmaß des Drogenproblems in Großbritannien stets geringer war als in anderen europäischen Ländern und den USA (vgl. Pommerehne/Hartmann 1980, S.135; Kaplan 1985, S.160, Johnson 1982, S.1154).

[67]Die Annahme einer höheren Attraktivität von bzw. Verbleibequoten in HP wird von Hartnoll u.a. 1980 empirisch gestützt, die 96 Abhängige (die durchschnittlich sechs Jahre opiatabhängig und zwei- bis dreimal wegen Taten, die nicht mit Drogen im Zusammenhang standen, verurteilt worden waren) nach dem Zufallsprinzip entweder mit oralem Methadon oder spritzbarem Heroin behandelten (vgl. Hartnoll u.a. 1980, S.877-884). "Während der zwölfmonatigen Behandlung zeigte sich, daß die mit Heroin Behandelten ständiger im Programm blieben, aber insgesamt ihr Junkie-Leben nur wenig reduzierten, während bei Methadon der größere Teil das Programm verlassend tief in die Drogenszene geriet, ein kleiner Teil dagegen aus der Abhängigkeit ausstieg." (Quensel 1982, S.264)

wiederum nicht alle Konsumenten, sondern lediglich Abhängige, die dies wollen, erreicht werden können. Es liegt aber auch an der weiterhin bestehenden Illegalität des übrigen Umgangs mit der Droge, der somit auch alle negativen Begleiterscheinungen der Kriminalisierung aufweist.

HP sind daher zu bewerten wie MP und weisen dieselben Chancen und Risiken, Möglichkeiten und Unmöglichkeiten auf, wie sie oben für MP aufgezeigt wurden[68]. Darüber hinaus ist auch mit HP unter den beschriebenen Bedingungen keine Entkriminalisierung gegeben, sondern Hilfe für Abhängige, die sie anzunehmen bereit sind. Für diese Klienten besteht die Chance einer sozialen, gesundheitlichen und beruflichen Stabilisierung bzw. Rehabilitation sowie die Chance einer Entkriminalisierung im Sinne Brustens.

Für die übrigen bleibt die Substanz illegal und in diesem Rahmen in jeder Hinsicht gefährlich. Insofern wird ein Zwei-Klassen-System der Konsumenten geschaffen: Die eine, die die Droge legal beziehen können - paradoxerweise erst dann, wenn sie körperlich abhängig sind, was ja eigentlich verhindert werden soll. Die anderen müssen die Droge illegal beziehen, weil sie entweder noch nicht abhängig sind (Neueinsteiger), mit der Droge umzugehen gelernt haben (gelegentliche Gebraucher), die (staatliche) Öffentlichkeit ihrer Sucht scheuen oder die staatliche Kontrolle über ihr Verhalten ablehnen. Es scheint daher sinnvoll, nach Möglichkeiten zu suchen, die alle Konsumenten gleichermaßen berücksichtigen, um so zu einem generell anderen Umgang mit dem Konsum von Heroin (und heute illegalen Drogen überhaupt) zu gelangen. Solche Möglichkeiten sollen im folgenden diskutiert werden.

---

[68] An dieser Stelle soll noch kurz ein Einwand von Stein-Hilbers (1980, S.31) genannt werden, die konstatiert, daß man mit der Einrichtung von HP den Gedanken an Therapie völlig aufgebe. Dem ist entgegenzuhalten, daß ein sozialpädagogisches, medizinisches und/oder therapeutisches Begleitangebot bei HP ebenso möglich und nötig ist, wie bei MP auch (vgl. Stein-Hilbers 1980, S.31).

3.3. Entkriminalisierung der Konsumenten

Wie wir gesehen haben, erfassen sowohl Methadon- als auch Heroin-Programme potentiell lediglich die Konsumenten, die abhängig sind. Ein weitergehendes Konzept stellt daher die 'Entkriminalisierung' *aller* Konsumenten dar. Dabei muß allerdings nicht eine bestimmte Handlung aus dem Katalog der strafbedrohten Verhaltensweisen grundsätzlich ausgegliedert werden, sondern vielmehr muß einer bestimmten Gruppe von Personen - den Konsumenten - ein begrenzter Umgang mit der Droge zugestanden werden, ohne daß diese mit einer Kriminalstrafe rechnen müssen. Man trägt damit der Erkenntnis Rechnung, daß eine repressive Reaktion auf Drogenkonsum sowohl meist unwirksam als auch oft kontraproduktiv ist. Konsumenten werden für ihren konsumorientierten Umgang mit der Droge nicht mehr staatlich bestraft. Die Droge selbst dagegen bleibt in der Illegalität, ebenso der Handel und die Herstellung der Substanz.

Ein solches Konzept kann allerdings die wesentlichen Probleme und Folgen einer immer noch prohibitionistischen Politik nicht beseitigen. Den zentralen Kritikpunkt stellt hier die fortbestehende Illegalität der Droge dar. So werden Handel und Herstellung weiterhin streng verfolgt und bestraft, d.h. eine Entkriminalisierung der Konsumenten würde den Preis der Droge und damit den Beschaffungsdruck nicht reduzieren. Die Entkriminalisierung der Betroffenen bzgl. ihres Konsums würde daher durch den weiterbestehenden Zwang zur Beschaffungskriminalität nahezu neutralisiert. Überdies wird die Polizei weiterhin zur Beschlagnahme von Heroin ermächtigt, möglicherweise sogar verpflichtet sein, was für den Konsumenten einen großen finanziellen Verlust und damit erneuten Beschaffungsdruck verursachen kann.

Ein weiteres Problem stellt die Identifizierung des Betroffenen als 'Konsumenten' dar. Mag dies bei Abhängigen noch aufgrund von Einstichen und/oder Entzugssymptome feststellbar sein, so wird die Feststellung z.B. bei 'gelegentlichen Konsumenten', die keine Entzugssymptome aufweisen und die Droge möglicherweise auf andere Art konsumieren (Sniffen, Rauchen) zu einem Problem.

Hinzu kommt die Frage, ob man abhängige Konsumenten, die mit Drogen handeln, um damit ihre Abhängigkeit zu finanzieren, straflos stellt oder ob man sie als Händler verurteilt. Gerade die im Zusammenhang mit der Konsumenten-Entkriminalisierung häufig geäußerte Hoffnung des effektiveren Vorgehens gegen Händler (vgl. z.B. Barth 1989, S.91) gibt dieser Frage ihre Bedeutung. Denn eine 'effektivere Verfolgung' der sog. 'Groß-Dealer' muß sich grundsätzlich von unten nach oben arbeiten, d.h. sie muß beim Konsumenten und den 'kleinen Dealern' anfangen. Insofern sind auch die Konsumenten in einem solchen Konzept weiterhin der Überwachung und den Verhören der Fahnder ausgesetzt.

So ist Stein-Hilbers recht zu geben, daß ein solches Modell keine wesentliche Alternative zur bisherigen Kontrollpraxis darstellt (vgl. Stein-Hilbers 1980, S.30). Ein wiederum weitergehendes und gleichzeitig - von der Praktikabilität her gesehen - einfacheres Modell stellt daher die Festlegung von Höchstmengen dar.

3.4. Entkriminalisierung durch die Festlegung von Höchstmengen

Die einfache Entkriminalisierung der Konsumenten kann die Situation der Abhängigen nur unwesentlich verbessern. Ein weitergehendes Konzept, das im übrigen *alle* Konsumenten und auch einen Teil der Händler erfaßt, ist die Idee, bestimmte Mengen einer Droge, die im Besitz einer Person sind, nicht als Grund für eine strafrechtliche Reaktion zu nehmen.

Behr/Juhnke schlagen in diesem Zusammenhang eine Form der transformierenden bzw. scheinbaren Entkriminalisierung vor (vgl. Behr/Juhnke 1985, S.237)[69]. So wird der Besitz einer Menge, die sich beispielsweise mit einer Tages- oder Wochenration bemessen ließ, ins Ordnungswidrigkeitenrecht transformiert und als einfache Ordnungswidrigkeit behandelt, d.h. es könnte weiterhin repressiv,

---

[69] Behr/Juhnke beziehen ihren Vorschlag auf *Cannabis*. Dieses Modell ist aber ebenso für den Umgang mit Heroin denkbar, was die Autoren ausdrücklich betonen.

aber nicht mehr mit Kriminalstrafe reagiert werden. Dabei umfaßt der Begriff 'Besitz' für Behr/Juhnke auch Einfuhr, Abgabe und Handel sowie Anbau in Erwartung der Ernte. So würde auch der Kleinhandel nur noch als Ordnungswidrigkeit behandelt, "denn der Konsument muß seine Sache ja irgendwoher bekommen." (a.a.O., S.236) Damit würde sich ein massiver Polizeieinsatz nicht mehr lohnen, da V-Leute, Untergrund-Fahnder etc. aufgrund der geringen Bußgelder unökonomisch seien (vgl. a.a.O., S.236-238). Auch der Besitz größerer Mengen der Droge, die man bei Heroin beispielsweise bei 30g festlegen könnte, wird zur Ordnungswidrigkeit transformiert - aufgrund der größeren Menge liegt das Bußgeld hier allerdings höher[70]. Das höhere Bußgeld wird mit dem bei solchen Mengen vorliegenden Geschäftscharakter begründet. Der Großhandel wird weiterhin verfolgt wie bisher, d.h. strafrechtlich sanktioniert.

Auch ein solches Modell trägt wenig Vorteile, aber umso mehr Nachteile in sich. So gestehen Behr/Juhnke selber zu, daß weiterhin ein kostenträchtiger Administrationsaufwand bestehen bleibe, denn auch Ordnungswidrigkeiten müßten verwaltet werden (a.a.O., S.238). Darüber hinaus bleibt Überwachung und Bespitzelung der Szene die Voraussetzung zur Verfolgung der 'Rauschgift-Straftaten' im oberen Teil der Händlerhierarchie. Auch wird die Droge weiterhin teuer sein, denn gezahlte Bußgelder werden von den Mittel- und Klein-Händlern auf den Konsumentenpreis umgelegt, d.h. die Konsumenten sind auch in einem solchen System auf die illegale Beschaffung der finanziellen Mittel zum Erwerb der Droge angewiesen - insofern auch weiterhin kriminalisiert bzw. 'kriminell'[71].

Weiterhin wird der Heroin-Handel ein ökonomisch attraktives Geschäft bleiben, d.h. die Droge wird gestreckt und damit verun-

---

[70] So setzen Behr/Juhnke bei Cannabisbesitz bis zu 5g (THC-Gehalt) ein Bußgeld von DM 100/g THC fest und bei Mengen bis zu 200g ein Bußgeld von DM 250/g THC. Richtigerweise sehen sie, daß jede Festlegung im Prinzip willkürlich ist. Auch in dieser Abhandlung haben Mengenangaben lediglich Beispielcharakter.

[71] Insofern profitiert im Grunde der Kleinhandel sowie die Konsumenten, die ihren Konsum durch Selber-Dealen (mit kleineren Mengen) finanzieren, am meisten von diesem System, da sie bzw. ihre Handlungsweisen in keiner Weise mehr strafrechtlich bedroht sind. Ein Ansatz, der vor allem die Situation der Abhängigen verbessern will, sollte dies bedenken.

reinigt und lebensgefährlich bleiben.

Ein solches System der scheinbaren Entkriminalisierung trägt damit alle Gefahren der heute bestehenden Prohibition in sich und ist so keine wirksame Alternative zur herrschenden Heroin-Politik. Der staatlich-repressive Umgang mit dem Heroin-Konsum und -Handel ändert sich lediglich graduell und wird durch den fortbestehenden Zwang zur Beschaffungskriminalität weitgehend neutralisiert. Zwar wird die 'Rauschgiftkriminalität' erheblich reduziert, denn ein großer Teil der heutigen Straftaten wird zur Ordnungswidrigkeit umdefiniert und taucht somit nicht mehr in den Kriminalstatistiken auf, aber der Anteil der Drogenkonsumenten in den Strafanstalten wird nicht wesentlich vermindert, da die meisten Abhängigen aufgrund von Beschaffungsdelikten zu Freiheitsstrafen verurteilt werden.

Insofern erscheint eine solche 'Lösung' als kosmetisch im statistischen Sinne. Die prohibitionistische Situation und die von ihr produzierten Folgen werden nur unwesentlich beeinflußt.

3.5. Entkriminalisierung im Sinne des holländischen Modells

Wie wir gesehen haben, bedeutet auch eine Höchstmengenregelung nicht die Aufhebung der Illegalität und der damit verbundenen Gefahren. Ein weiteres Modell, in dem die Droge ebenfalls illegal bliebe, ist das drogenpolitische Modell Hollands.

Selbst in dem als in Drogenfragen liberal geltenden Holland besteht ein Strafrahmen für Drogendelikte bis zu zwölf Jahren Freiheitsstrafe. Allerdings hat die Erkenntnis, daß die personellen und finanziellen Ressourcen des Strafverfolgungsapparates nicht ausreichen, um die Vielzahl der 'Drogenstraftaten' in gleicher umfassender Weise zu verfolgen, in Holland dazu geführt, ein Prioritäten-System der Strafverfolgung zu schaffen (vgl. Reeg 1989, S.33).[72]

---

[72]"Diese Prioritäten für die Verfolgungsaktivitäten sind niedergelegt in Richtlinien für die Untersuchung und die Verfolgung von Straftaten, sowie die Beantragung von Strafen vor Gericht. Sie haben den Charakter von Weisungen des Generalstaatsanwalts für das Straf-

Dabei handelt es sich um drei Prioritäten-Stufen, deren höchste sich auf den Handel mit sog. harten Drogen (z.B. Opiate) und deren zweite Stufe sich auf den Handel mit sog. weichen Drogen (z.B. Cannabis) bezieht. Die dritte Prioritäten-Stufe betrifft die Handlungen des Konsums.

Innerhalb der genannten Prioritäten-Stufen wird weiter unterteilt. So mißt man bei Stufe eins und zwei dem Im- und Export - dem internationalen Handel - größere Aufmerksamkeit bei als dem nationalen Inverkehr-Bringen der Drogen. Bei Stufe drei achtet man stärker auf den Gebrauch von z.B. Opiaten als auf den Konsum von z.B. Cannabis (vgl. a.a.O., S.33 sowie Trautmann 1989, S.129). Aufgrund dieses Systems hat z.B. der Gebrauch von Cannabis niemals strafrechtliche Konsequenzen, und ein Ermittlungsverfahren wird entweder nicht eingeleitet oder führt maximal zur Verhängung eines Bußgeldes.

Die Erfolge dieser Strategie sind durchaus positiv. So konsumierten nach offiziellen Angaben 1973 noch etwa 15% aller holländischen Jugendlichen mehr oder weniger häufig Cannabis-Produkte, während es zehn Jahre später (1983) nur noch etwa 3% waren[73]. Die Zahl der Amsterdamer Heroinabhängigen sank von 12.000 im Jahre 1982 auf 7.000 im Jahre 1989. Auch die Zahl der Todesfälle aufgrund von Überdosis liegen zwei- bis dreimal niedriger als in anderen Ländern[74]. Darüber hinaus soll das durchschnittliche Alter der Opiatabhängigen von 26 Jahren (1981) auf 30 Jahre (1987) gestiegen sein (vgl. Reeg

---

verfolgungspersonal. Die Richtlinien sind in Übereinstimmung mit dem Justizminister aufgestellt worden und unterliegen parlamentarischer Überprüfung." (a.a.O., S.33)

[73]Diese Tatsache ist umso bedeutender, wenn man bedenkt, daß ein wichtiger Punkt der oben beschriebenen Richtlinien besagt, daß sog. 'Hausdealer' weicher Drogen in Jugendzentren geduldet werden, obwohl eine solche Handlung im Grunde eine Straftat darstellt!

[74]Hierbei sind die Zahlen ausschließlich auf Abhängige holländischer Staatsbürgerschaft bezogen. Die Abhängigen aus anderen Ländern (Drogenflüchtlinge vor allem aus der Bundesrepublik) den Niederländern anzurechnen, wäre nicht sehr redlich. Eine Bewertung der niederländischen Politik muß in ihrem Einfluß auf die niederländische Bevölkerung erfolgen.

1989, S.33).

Auch wenn diese Zahlen durchaus als positiv bewertet werden können, so ist doch auszumachen, daß die Gefahren des illegalen Heroins möglicherweise abgeschwächt, aber keinesfalls abgeschafft worden sind. Auch in einem solchen System, das die Droge illegal läßt, bleibt die Möglichkeit zu einigem finanziellen Gewinn und somit sowohl die Gefahr der Verunreinigung der Substanz durch Streckmittel, als auch das Problem der Beschaffungskriminalität, welche die Betroffenen auch weiterhin der Strafverfolgung aussetzt.[75]

Diese Situation wird auch nicht wesentlich geändert durch eine weitere Zuspitzung des Prioritäten-Systems, wie es beispielsweise Behr/Juhnke vorschlagen. Die beiden Autoren plädieren für eine vollständige Verlagerung des administrativen und kriminalistischen Aufwandes an die Staatsgrenzen, d.h. für die Konstruktion eines Importgesetzes. So soll ein unerlaubter Import bis beispielsweise 5g als Ordnungswidrigkeit und eine illegale Einfuhr bis 100g als Vergehen geahndet werden. Die illegale Einfuhr von mehr als 1.000g sollte weiterhin verfolgt werden die bisher. Damit würde die internationale Bespitzelung und Repression stark reduziert und auch aus dem Import kleiner Mengen würden keine Staatsaktionen mehr gemacht. Zudem solle die Beschlagnahmung geringer Mengen unterbleiben, um das Marktkarusell nicht unnötig anzukurbeln (vgl. Behr/Juhnke 1985, S.238/239).

Einleuchtenderweise würde ein solches System eine erhebliche Verbesserung der heutigen Situation bedeuten, aber immer noch wären die Gefahren der illegalen Substanz, d.h. Verunreinigung und Nicht-Einschätzbarkeit der Droge sowie Beschaffungskriminalität etc. präsent.

Eine wirkliche Alternative, die die Gefahren und Kosten der Pro-

---

[75]Zudem muß hier noch angemerkt werden, daß der 'progressive Vorsprung' der Niederlande in der Drogenpolitik (gegenüber der Bundesrepublik) zunehmend geringer wird, da auch dort die repressive Drogenpolitik wieder verschärft wird (vgl. Trautmann 1989, S.131-134).

hibition beseitigen könnte, stellt daher nur die Möglichkeit des legalen Erwerbs und Konsums der Droge dar.

3.6. Resümee

Die bisher diskutierten Ansätze einer Politik der Repressionsverminderung verdeutlichen, daß keines der aufgezeigten Modelle eine wirkliche Beseitigung der Probleme und Gefahren des illegalen Heroinkonsums herbeizuführen vermag.

Dies liegt an der Motivation dieser Lockerungs-Modelle sowie an der 'Halbherzigkeit' der Entkriminalisierungsvorschläge. So scheitern Methadon- und Heroin-Programme in erster Linie an ihrem grundsätzlichen Behandlungscharakter, d.h. auch wenn Betreuung als Angebot konzipiert ist, so sind die potentiellen Klienten doch immer die sog. 'Kranken', also die Abhängigen. Damit sind diese Programme bereits einem großen Teil der Konsumenten nicht zugänglich, welche damit in der Illegalität verbleiben. Darüber hinaus wird ein nicht geringer Teil der Abhängigen von Kontrolle bzw. Registration abgeschreckt.

Die aufgezeigten Entkriminalisierungsvorschläge nehmen zwar einen Teil der Repression aus der Konsumenten-Sphäre heraus, belassen aber die Droge grundsätzlich in der Illegalität, was sowohl den Preis als auch die substanzbezogene Qualität der Droge nur unwesentlich beeinflußt. Für die Betroffenen bedeutet dies weiterhin die Notwendigkeit zum illegalen Erwerb der finanziellen Mittel, also Beschaffungs-Kriminalität, und damit eine fortbestehende Verfolgungssituation sowie die Nicht-Einschätzbarkeit des Reinheitsgrades der Droge. Daher bestehen die Bedingungen, die zu sozialer und gesundheitlicher Verelendung führen, grundsätzlich fort.

Das prinzipielle, möglicherweise etwas abgeschwächte Fortbestehen der prohibitionistischen Situation mit allen ihren Gefahren ist die Folge der Tatsache, daß man sich in keinem der diskutierten Modelle zu einer wirklichen Entkriminalisierung entschließen kann. So ist bei Methadon- und Heroin-Programmen gezeigt worden, daß

Entkriminalisierung im juristischen Sinne nicht vorgesehen ist. Es läßt sich allenfalls eine Entkriminalisierung im Sinne Brustens feststellen und diese auch nur für die Programm-Teilnehmer.

Die Entkriminalisierung der Konsumenten wird die Gesetzgebung nicht tangieren und ist am ehesten als deklaratorische Entkriminalisierung zu verstehen. Auch heute schon läßt die Polizei die Abhängigen auf der Szene weitgehend gewähren und verhaftet nicht jeden Junkie zu jeder Zeit nur deswegen, weil er sich gerade seine Tagesdosis kauft. Der polizeiliche Apparat wäre mit einem solchen Vorgehen total überlastet und konzentriert sich daher auch heute schon auf Dealer und vor allem Beschaffungskriminalität, die auch nach der Deklaration der Konsumenten-Entkriminalisierung eine fortbestehende Notwendigkeit wäre.

Auch die transformierende Entkriminalisierung der Festlegung bestimmter Höchstmengen und ihrer teilweisen Übertragung ins Ordnungswidrigkeitenrecht behält die prohibitionistische Struktur bei und ist aufgrund des weiterhin bestehenden Beschaffungsdrucks sowie der Fahndung nach sog. 'Groß-Dealern' - die notwendig in der Drogen-Szene ansetzen muß - nicht geeignet, die Situation entscheidend zu verbessern.

Das holländische Modell der Prioritätenstufen arbeitet mit Richtlinien bzw. Verwaltungsvorschriften und stellt somit zwar eine faktische Verminderung der Verfolgungsaktivitäten im Konsumenten-Bereich dar, aber keinesfalls eine Entkriminalisierung im juristischen Sinn. Auch hier bleiben die Illegalität der Droge sowie die individuellen und sozialen Folgekosten erhalten.

Zusammenfassend läßt sich demnach feststellen, daß die bisher aufgezeigten Lockerungs-Modelle in der Heroin-(und Drogen-)Politik die Situation zwar begrenzt entschärfen, aber die Bedingungen und Folgen der Prohibition nicht grundlegend ändern oder eliminieren können. Das Hauptproblem besteht hierbei in der grundsätzlich fortbestehenden Illegalität der Droge. Damit bleibt die Substanz zum einen unbezahlbar im Rahmen eines 'normalen' (und legalen) Einkommens, zum anderen kann die Droge in ihrer Qualität und Reinheit nicht eingeschätzt werden - Beschaffungsdruck, Kriminalisierung und Verelendung können nicht wesentlich vermindert werden.

Im folgenden sollen daher Möglichkeiten diskutiert werden, die die Droge für alle zugänglich bzw. verfügbar machen.

C. Der legale Zugang zu Heroin für alle

Die bisher diskutierten Modelle einer Repressionsverminderung waren imstande, einzelne Aspekte der prohibitionistischen Heroinpolitik mehr oder weniger abzuschwächen. Zu einer grundsätzlichen Beseitigung der individuellen und gesellschaftlichen Folgen der Verbotspolitik waren diese Vorschläge allerdings nicht geeignet.

Es ist daher zu überlegen, welche Möglichkeiten einer radikalen Änderung der Drogenpolitik - in Richtung auf den grundsätzlich legalen Zugang zu der Substanz - denkbar sind und welche Chancen eine solche Änderung einerseits eröffnen und welche Risiken sie andererseits mit sich bringen würde.

Es sollen zunächst einige Varianten der legalen Vergabe und ihrer unmittelbaren Vorteile dargestellt werden, um sodann die grundsätzlichen und langfristigen Risiken und Gefahren, aber auch Chancen und Möglichkeiten zu untersuchen.

1. Varianten des legalen Zugangs zu Heroin

Wenn an dieser Stelle über Möglichkeiten des legalen Zugangs zu Heroin nachgedacht werden soll, so handelt es sich um die denkbar radikalste Änderung der herrschenden Drogenpolitik. Haben wir oben bereits über den begrenzt legalen Zugang zu heute illegalen Drogen diskutiert, so handelte es sich um den Zugang zu Heroin bzw. Methadon im Rahmen von Heroin- bzw. Methadon-Programmen. Diese Programme sind aufgrund ihres Behandlungscharakters ausschließlich für sog. 'Kranke', d.h. Abhängige konzipiert und könnten somit nicht alle Konsumenten erreichen. Ihre Effizienz ist auf die Programm-Teilnehmer beschränkt; die übrigen Konsumenten-Gruppen sind weiterhin der Illegalität und deren Folgen ausgesetzt. In diesem Kapitel sollen daher Möglichkeiten dargestellt werden, die alle Konsumenten erreichen können, d.h. es geht um den legalen Zugang zu Heroin für alle.

Zur konkreten Ausgestaltung einer freien Vergabe sind zunächst zwei grundsätzliche Varianten denkbar. Zum einen könnte der Staat Handel, Herstellung und Verkauf organisieren und monopolisieren - gleichzeitig wäre jeder nicht-staatliche Handel illegal. Zum anderen besteht die Möglichkeit der Einrichtung eines freien Marktes, d.h. jeder wäre berechtigt, die Droge herzustellen und mit ihr zu handeln.

Bei der Form des staatlich-organisierten Drogen-Monopols bestände die Möglichkeit der Vergabe durch zentrale staatliche Stellen, wie etwa durch Gesundheitsämter, staatliche Drogenberatungsstellen etc. Auch eine Vergabe durch Verschreibung von Ärzten und/oder Apotheken wäre denkbar. Das wesentliche Merkmal der staatlichen Drogen-Vergabe läge demnach darin, daß die Substanz durch bestimmte lizenzierte Behörden oder Personen verteilt würde, die gleichzeitig für Qualität und Reinheit des Stoffes garantieren könnten sowie an einen einheitlichen Preis gebunden wären.

Bei der Form des freien Marktes würde die Substanz gehandhabt wie andere Genußmittel auch, d.h. der Verkauf und der Handel würden abgewickelt wie etwas bei Zigaretten, Bier, Kaffee etc. Die Herstellung der Droge könnte an bestimmte Richtlinien gebunden sein, so wie z.B. die Herstellung von Bier in Deutschland an das entsprechende 'Reinheitsgebot' gebunden ist oder für die Herstellung anderer Genuß- und Lebensmittel bestimmte Hygienevorschriften eingehalten werden müssen. Der Preis würde in einem solchen System durch Wettbewerb und Konkurrenz bestimmt.

Dieser kurze Überblick über die Möglichkeiten der legalen Vergabe soll hier genügen. Eine Einschätzung und Bewertung der verschiedenen Möglichkeiten wird in die folgenden Kapitel einfließen.

Alle aufgeführten Möglichkeiten führen allerdings unmittelbar zu Vorteilen, die durch die Legalität der Droge bedingt werden. Diese *unmittelbaren Vorteile* sollen im folgenden benannt werden.

2. Die unmittelbaren Vorteile des legalen Zugangs

Wir haben oben festgestellt, daß die negativen Folgekosten des Heroinkonsums sowohl in individueller als auch in gesellschaftlicher Hinsicht im wesentlichen ein Produkt des staatlich-repressiven Umgangs mit diesem Verhalten sind. Ein Ausbleiben bzw. eine Abschaffung der staatlich-repressiven Reaktion wird daher die negativen Kosten der Prohibition stark abschwächen - möglicherweise ganz beseitigen.

So kann das Heroin infolge einer legalen Produktion zu einem Preis von ca. 15 DM pro Gramm z.B. in Apotheken abgegeben werden (vgl. Heck, o.J., S.1; Pommerehne/Hartmann 1980, S.142; Kaplan 1985, S.101). Da selbst abhängige Konsumenten in der Regel nicht einmal ein Gramm reines Heroin pro Tag benötigen, läge der tägliche Bedarf eines Abhängigen sogar unter diesen 15 DM, der Bedarf von nicht-abhängigen bzw. kontrollierten Benutzern noch weit darunter. Damit wäre der finanzielle Aufwand des Heroinkonsums mit einem durchschnittlichen Einkommen zu bewältigen und die in der heutigen Situation notwendige Beschaffungskriminalität würde nahezu vollständig zurückgehen (vgl. Pommerehne/Hartmann 1980, S.142; Hartwig/Pies 1989, S.95; Thamm 1989, S.375). Der heute bestehende Schwarzmarkt könnte den Preisen des legal produzierten Heroins nicht standhalten und würde 'ausgetrocknet' werden, da jeder Person Heroin legal zugänglich wäre[76].

Der immense Verfolgungsdruck auf die Konsumenten in der Illegalität würde eliminiert. Zum einen wäre der Konsument nicht mehr aufgrund seines Konsums kriminalisiert, zum anderen entfiele die Notwendigkeit zu Beschaffungsdelikten und der damit verbundenen Kriminalisierung. Die Zeit, die heute zur Beschaffung von Geld und Heroin benötigt wird, könnte im System der legalen Vergabe in andere Aspekte der Lebensgestaltung einfließen wie etwa Beruf, (Aus-)Bildung, Kunst, soziale Kontakte, Freizeit etc. (vgl. Kaplan 1985, S.101; Leu 1984, S.159; Bülow 1989a, S.15). Dies würde dem

---

[76]Konsumenten-Gruppen, die wie etwa bei HP weiterhin auf illegales Heroin angewiesen sind, existieren im System der legalen Vergabe an alle nicht mehr.

Konsumenten prinzipiell ein stabiles soziales Leben sowie eine 'normale' Integration im Arbeits- und Ausbildungsbereich ermöglichen. Zudem könnte die gewonnene Zeit in einem angst- und repressionsfreien Raum von den Konsumenten genutzt werden, um sich über eine bestehende oder potentielle Abhängigkeit Gedanken zu machen. Die in einem solchen Rahmen gewonnenen Erkenntnisse könnten von Selbsthilfe-Gruppen oder helfenden Institutionen ganz anders, d.h. effektiver und sinnvoller genutzt werden (vgl. Heck, o.J., S.2).

Einen weiteren wichtigen Vorteil stellt die gesundheitliche Stabilisierung dar. Eine legale Vergabe würde die Einschätzbarkeit bzw. Reinheit der Droge garantieren, d.h. jeder, der die Substanz einnähme, wüßte, welchen Wirkstoffgehalt der erhaltene Stoff aufweist. Eine Überdosis aus Unkenntnis des Reinheitsgrades wäre somit sehr unwahrscheinlich. Zudem entfielen die lebensgefährlichen Streckmittel, die in ihren Kombinationen heute häufig zu Krankheit und/oder Tod führen können (vgl. Pommerehne/Hartmann 1980, S.142; Bülow 1989a, S.15; Reeg 1989, S.35). Darüber hinaus wären in einem legalen Verteilersystem Engpässe in der Marktversorgung weitgehend ausgeschlossen, d.h. Abhängige müßten eine sog. 'stofflose Zeit' nicht mehr mit einer Vielzahl von Medikamenten und/oder anderen Substanzen überbrücken. Damit würden schwerwiegende Erkrankungen und Todesfälle entfallen, die heute durch die unkontrollierte Kombination der verschiedensten Substanzen entstehen (vgl. Heck, o.J., S.2; Scheerer 1985a, S.244).

Der niedrige Preis könnte zudem andere und ungefährlichere Applikationsformen hervorbringen. So wird das Heroin heute meist intravenös injiziert, da der Stoff so am besten ausgenutzt wird. Das Rauchen oder Sniffen der Droge, welches die Gefahren der unsterilen Injektion ausschließt, wird nur selten praktiziert[77], da hierfür eine größere Menge Heroin notwendig ist. Bei dem heutigen Preis des

---

[77]Während in den Niederlanden beispielsweise lediglich ca. 25% der (niederländischen) Abhängigen Heroin intravenös applizieren, liegt der Prozentsatz in der Bundesrepublik bereits beim beginnenden Konsum bei ca. 57%. Dieser Prozentsatz steigt mit der Dauer des Konsums (vgl. Bülow 1989b, S.119).

Heroins würde eine solche Form des Konsums noch erheblich teurer werden und damit auch der Beschaffungsdruck ansteigen (vgl. Bülow 1989a, S.15 sowie 1989b, S.119).

Ein letzter unmittelbarer Vorteil des legalen Systems, der vor allem von Vertretern des ökonomischen Ansatzes angeführt wird, ist die Kosteneinsparung bei der Strafverfolgung und der Strafvollstrekkung. Die 'Rauschgiftdelikte' (hier: bzgl. Heroin) wären aus dem Katalog der strafbaren Handlungen ausgegliedert, d.h. kein Arbeitsfeld mehr für (kriminal-)polizeiliche Aktivitäten. Überdies würde die Beschaffungskriminalität stark reduziert, so daß auch in diesem Bereich weniger polizeiliche Tätigkeit notwendig wäre.[78]

Zusammenfassend läßt sich demnach sagen, daß die legale Vergabe von Heroin ähnliche Auswirkungen hätte, wie die 'legale' Vergabe im Rahmen von Methadon- bzw. Heroin-Programmen, allerdings mit dem entscheidenden Unterschied, daß das grundsätzlich legale System *alle* Konsumenten und Abhängigen erreichen würde und nicht wie in Methadon- und Heroin-Programmen nur auf die selektive Gruppe der Programm-Teilnehmer beschränkt wäre.

Auch im umfassend legalen System kann soziale und gesundheitliche Stabilisierung erreicht bzw. erhalten werden, ebenso die berufliche und ausbildungsmäßige Entwicklung. Darüber hinaus wird der Schwarze Markt vollständig eliminiert sowie die Kosten der Strafverfolgung und -vollstreckung werden erheblich gesenkt. Die sekundären Probleme des Drogenkonsums, die heute durch Kriminalisierung und staatliche Repression erst geschaffen werden, sind in einem legalen Versorgungssystem weitestgehend ausgeschlossen.

Ausgehend von diesen unmittelbaren Vorteilen einer Legalisierung, muß nun nach den langfristigen Auswirkungen einer solchen

---

[78] Es muß allerdings festgestellt werden, daß die Nachfrage nach gestohlenen Gütern weiterbestehen wird, d.h. die zuvor von Abhängigen begangenen Eigentumsdelikte werden auf andere Personengruppen übergehen, um die fortbestehende Nachfrage zu befriedigen. (Gleiches gilt auch für den Bereich der Prostitution.) Insofern wird eine legale Vergabe von Heroin die Kriminalitätsrate in diesen Bereichen möglicherweise nicht wesentlich verändern (vgl. Pommerehne/Hartmann 1980, S.140).

Strategie gefragt werden. Im folgenden soll daher zunächst auf die Einwände der Kritiker einer Legalisierung eingegangen werden, um sodann die langfristigen Chancen zu erörtern, die ein legales Versorgungssystem mit sich bringen kann.

3. Mögliche Probleme einer Legalisierung

Das größte und vielleicht sogar das einzige Problem einer Legalisierung läßt sich mit der Frage zusammenfassen, wieviel mehr Abhängige eine solche Strategie produzieren würde. Das zentrale Argument gegen eine Legalisierung ist daher die Annahme, daß die Zahl der Abhängigen erheblich ansteigen würde.

Diese Sorge wird allerdings von der Literatur, die sich eingehender mit einer Legalisierung beschäftigt, weitgehend bestritten[79]. Die Argumente, die gegen die Wahrscheinlichkeit einer ansteigenden Abhängigen-Zahl sprechen, sind vielfältig.

So führt Hess die Auswirkungen des oben beschriebenen holländischen Modells als Gegenbeweis an. Trotz weitgehender Entkriminalisierung sie es in den Niederlanden nicht zu einer steigenden Zahl von Cannabis-Konsumenten gekommen, vielmehr sei die Zahl erheblich zurückgegangen (vgl. Hess 1989, S.28). Für den Bereich des Heroins belegen die Zahlen von Reeg, daß die Lockerung der holländischen Drogen-Politik auch hier eher zu einer Abnahme der Abhängigen-Zahl geführt hat. So lag die Zahl der niederländischen Abhängigen 1982 noch bei 12.000, im Jahre 1989 dagegen nur noch bei 7.000[80]. Zudem stieg das durchschnittliche Alter der Abhängigen von 26 Jahren (1981) auf 30 Jahre (1987) (vgl. Reeg 1989, S.33; Hess 1989, S.28).

Reeg führt die Aufhebung der Alkohol-Prohibition in Amerika an und konstatiert, daß infolge der Aufhebung die Zahl der Alkohol-Konsumenten in Amerika nur deshalb stark angestiegen sei, weil es erlaubt gewesen sei, in großem Stil für Alkoholprodukte zu werben. Deshalb sei der Einfluß einer Legalisierung auf die Abhängigen--Zahlen ganz entscheidend von den Begleitumständen einer solchen Reform mitbestimmt (vgl. Reeg 1989, S.35).

---

[79] Vgl. Bülow 1989a, S.15; Reeg 1989, S.35; Hess 1989, S.28; Kaplan 1985, S.117-122

[80] Dagegen steige die Zahl der Kokain-Konsumenten in der Bundesrepublik trotz Prohibition ständig an (Hess 1989, S.28).

Bülow macht geltend, daß es während einer Übergangsphase zu einer ansteigenden Zahl von Heroin-Abhängigen kommen könne. Allerdings hätten diese Menschen ihren Konsum nicht mehr mit strafrechtlicher Sanktionierung und gesundheitlichen Schäden zu bezahlen, da die Situation eine grundlegend andere wäre. Z.B. könne eine Einbindung des Opiat-Konsums in den Alltag als Schutzmechanismus fungieren (vgl. Bülow 1989a, S.15).[81]

Ähnlich argumentiert auch Kaplan (vgl. Kaplan 1985, S.117-121). Man könne zwar nicht ausschließen, daß es mehr Konsumenten und Abhängige gebe, aber man könne auch keine genauen Aussagen treffen bzgl. der Anfälligkeit der Bevölkerung, abhängig zu werden. Überdies würde ein Ansteigen des Konsums nicht notwendig eine Erhöhung der Abhängigen-Zahl bedeuten, da zum einen ein nicht-abhängiger Konsum möglich sei und zum anderen viele Personen den Konsum von Heroin nicht angenehm fänden und darum den Konsum auch nicht weiterführen würden. Außerdem könnten einige Konsumenten das Interesse an der Droge verlieren, da der Reiz des Verbotenen wegfiele:

"If users desire the drug because of the thrill of enjoying 'forbidden fruit' or because they wish to defy society's laws, they might lose interest in freely available heroin." (a.a.O., S.112)

Trotzdem könne allerdings die informelle Mißbilligung des Heroin-Konsums so stark sein, daß diese quasi der Illegalität gleichen würde und der Reiz des Verbotenen somit weiterhin bestünde.

Zusammenfassend kommt Kaplan zu dem Schluß, daß eine sichere Vorhersage bzgl. eines Anwachsens der Abhängigen-Zahl nicht möglich sei.

Auch Pommerehne/Hartmann bezeichnen es als kaum prognostizierbar, ob und in welchem Umfang sich der Heroinkonsum im

---

[81]Hierauf wird unten noch ausführlich eingegangen werden.

Falle einer Legalisierung ausbreiten würde. Allerdings müsse man aus ökonomischer Sicht ein Ansteigen der Abhängigen-Zahl auch in Relation zu den Folgekosten setzen. Wenn man davon ausgehen könne, daß die Folgekosten der bei einer Aufhebung des Drogenverbots zusätzlich Süchtigen kleiner wären als die Kosten der Durchsetzung des Heroinverbots, dann sei die Freigabe des Handels und Konsums von Heroin vom ökonomischen Standpunkt aus vorteilhaft (vgl. Pommerehne/Hartmann 1980, S.142/143).

Es läßt sich also feststellen, daß eine Prognose darüber, wieviele neue Konsumenten und Abhängige es geben wird, wenn man Heroin allen legal zugänglich macht, kaum sicher möglich ist. Abgesehen von den Entwicklungen in Holland, die eher auf eine Abnahme denn auf eine Zunahme der Abhängigen-Zahl deuten, wird die Entwicklung nach einem Wechsel zur legalen Zugänglichkeit entscheidend durch die Rahmenbedingungen bestimmt werden.

Diese Rahmenbedingungen können zusammenfassend als der Teil der Drogen-Politik betrachtet werden, der den Umgang und Konsum mit legalen Drogen (also Alkohol, Nikotin, Koffein, Medikamente etc.) betrifft. Im Gegensatz zu der drogenpolitisch-prohibitionistischen Strategie, die den Konsum der jeweiligen Droge verbietet, also als *Konsumverbot* bezeichnet werden kann, beinhaltet der drogenpolitische Umgang mit legalen Drogen quasi zwangsläufig ein Kon-sum*gebot*. Denn eine Legalisierung birgt die Gefahr, daß die Droge grundsätzlich zu einer Ware wird und damit allen Gesetzmäßigkeiten der industriellen Warenproduktion unterliegt (vgl. Marzahn 1983a, S.109). Dies führt dazu, daß der Produzent in erster Linie an der Realisierung des Tauschwertes, d.h. Profit, Absatz und Expansion, interessiert sein wird. Die daraus folgende aggressive Vermarktung, wie wir sie heute bzgl. legaler Drogen mit einer nicht endenden Flut von Werbespots, Zeitungsanzeigen und Plakatwerbungen erleben können, würde das heute herrschende Konsumverbot von Heroin in ein Konsumgebot umkehren. Hierin ist das eigentliche Problem einer Legalisierung zu sehen.

Darüber hinaus ist der Produzent nur solange an der Droge interessiert, bis sie verkauft ist. Was sich danach ereignet, wie der

Konsument mit der Droge umgeht, ist ihm recht egal. Aus diesem Grund beinhaltet industrielle Drogenwerbung in keiner Weise Information über die Substanz und den sachgemäßen Umgang mit ihr, sondern ist vielmehr ausschließlich Animation zum möglichst ausgiebigen Konsum (vgl. Marzahn 1983a, S.109-111; Behr/Juhnke 1985, S.259/260).

Es ist daher festzuhalten, daß die beiden Strategien, die die herrschende bundesrepublikanische Drogenpolitik bestimmen - also sowohl Vermarktung als auch Verbot - untauglich sind, einen weitgehend selbstbestimmten Drogenkonsum zu entwickeln. Die prohibitionistische Strategie zielt auf den minimalen Zugang zu Drogen, die Vermarktung auf maximalen Gebrauch der Substanzen. Dadurch wird ein Drogenkonsum produziert, der die beiden Pole des Gebrauchsmusters betont. Zum einen wird Abstinenz propagiert, zum anderen für den exzessiven Gebrauch geworben.

Beide Extreme verhindern eine sachgemäße Aufklärung über Drogen und beide wollen den Gesellschaftsmitgliedern die autonome Entscheidung bzgl. des Drogenkonsums abnehmen (vgl. auch Marzahn 1983b, S.124 sowie Szasz 1978, S.208).

"Beide nehmen der Gesellschaft Kompetenzen weg, enteignen sie, berauben sie des genauen Wissens um die Droge und der freien Entscheidung für oder wider sie." (Marzahn 1983a, S.111).

Bei einer vollständigen Legalisierung besteht außerdem die Gefahr, daß der Staat an dem Geschäft der Produzenten beteiligt werden will, d.h. es käme zur Einführung einer Steuer, wie wir sie heute etwa als Getränke- oder Tabaksteuer kennen. Austin sieht darin zu recht die Gefahr, daß jede Politik, die die Regierung an der Steuerung des Drogenhandels finanziell beteiligt, die Voraussetzung dafür schafft, daß politische Entscheidungen durch ökonomische Interessen kontrolliert werden, die um die Produktion, Distribution und den Konsum von Drogen entstehen[82].

Aus diesen Gründen ist eine vollständige Legalisierung von Heroin, d.h. eine Strategie, die die Substanz dem kapitalistischen Markt mit allen seinen Werbe- und Verkaufsstrategien aussetzt, nicht wünschenswert. Ein übermäßiger Profit - sowohl für Produzenten als auch für den Staat - und damit die Vermarktung und Werbung sollten daher bei einer Legalisierung von Heroin verhindert werden (vgl. Hess 1989, S.28). Dies wäre wohl am ehesten durch Preisbindung und Werbeverbot, wie es im übrigen häufig auch für Nikotin und Alkohol gefordert wird, zu erreichen.

Es ist daher zusammenfassend festzustellen, daß eine Prognose über ein Ansteigen der Abhängigenzahlen nicht wirklich sicher möglich ist. Unter den skizzierten Voraussetzungen, d.h. Vermeidung von Profit und Vermarktung, erscheint eine drastische Zunahme der Abhängigenzahlen allerdings als eher unwahrscheinlich.

Neben dieser 'quantitativen' Betrachtung des Problems eines Anstiegs der Konsumenten- bzw. Abhängigenzahlen ist es jedoch notwendig, auch über die 'qualitativen' Veränderungen nachzudenken, die ein legaler Zugang zu Heroin mit sich bringen könnte.

Diese qualitativen Veränderungen sind Thema des folgenden Kapitels.

---

[82]Austin beschreibt, wie z.B. der Widerstand der Regierungen im 16. und 17. Jhd. gegen das Tabakrauchen brach, als deutlich wurde, daß sie wirtschaftlichen Nutzen (Steuern/Zölle) daraus ziehen konnten (vgl. Austin 1982, S.127-132).
Die Bewegung gegen die Alkohol-Prohibition in Amerika wurde vor allem vom Großkapital unterstützt, welches sich von der Einführung der Getränkesteuer eine erhebliche Senkung der persönlichen und geschäftlichen Einkommenssteuer versprach (vgl. Levine 1982, S.250).

4. Zur Perspektive einer Heroin- bzw. Drogenkultur

Wir haben bei unserer quantitativen Betrachtung des Problems einer ansteigenden Abhängigenzahl festgestellt, daß es unter den o.g. Voraussetzungen unwahrscheinlich erscheint, daß die Zahl der Abhängigen drastisch ansteigt. Wir haben ebenfalls festgestellt, daß die unmittelbaren qualitativen Folgen eines legalen Zugangs durchaus positiv ausfallen würden, daß die Beschaffungskriminalität nicht mehr notwendig wäre, daß die soziale und gesundheitliche Verelendung vermindert würde etc.

Neben diesen kurzfristigen qualitativen Auswirkungen sollen im folgenden Kapitel die langfristigen qualitativen Veränderungen des Umgangs mit Heroin - im Falle einer Legalisierung - thematisiert werden, die sich mit dem Begriff einer *Drogen- bzw. Heroin-Kultur* bezeichnen lassen.

Es wird zunächst notwendig sein, den Begriff der *Kultur* im vorliegenden Zusammenhang zu klären, um im Anschluß daran einige Beispiele von Drogen-Kultur zu betrachten und ihre gemeinsamen Merkmale ausfindig zu machen. Im folgenden wird der Frage nachgegangen werden, ob und wie eine Kultur bzgl. Heroin - also eine Heroin-Kultur - mach- bzw. vorstellbar wäre. Auch wenn diese Frage nicht in ihrer umfassenden gesellschaftlichen Komplexität beantwortet werden kann, so ist doch eine Annäherung möglich.

4.1. Der Begriff 'Kultur'

Eine ausführliche Diskussion des Begriffs 'Kultur' würde den Rahmen dieser Arbeit sprengen. Es soll daher genügen, den Kultur-Begriff im hier vorliegenden Zusammenhang zu klären.

Die erste Implikation des hier verwendeten Kultur-Begriffs soll seine Unabhängigkeit von Größe und Dauer der Gruppe sein, der diese Kultur zugesprochen wird. Der Begriff kann also sowohl auf eine ganze Gesellschaft angewendet werden als auch auf kleinere soziale Gruppen einer komplexen Gesellschaft, z.B. ethnische Gruppen, Berufsgruppen, religiöse Gruppen etc. (vgl. H.S. Becker 1981, S.71-73).

Eine soziale Gruppe umfaßt eine bestimmte Zahl von (Gruppen-)-Mitgliedern, die zur Erreichung eines gemeinsamen Zieles über eine bestimmte Zeit in einem relativ kontinuierlichen Kommunikations- und Interaktions-Prozeß stehen. Jede Gruppe ist eingebettet in ein größeres Ganzes (wie z.B. in die Gesellschaft), welches verschiedene Voraussetzungen und Bedingungen schafft, unter deren Berücksichtigung sich die jeweilige Gruppe organisieren muß.

Interaktion erfolgt zwischen den einzelnen Gruppenmitgliedern sowie zwischen der Gruppe und dem Ganzen.

Menschen handeln Dingen gegenüber auf der Grundlage von Bedeutungen, die diese Dinge für sie besitzen - dabei ist mit 'Dingen' alles das gemeint, was der Mensch in seiner Welt wahrzunehmen vermag. Die Bedeutung ist abzuleiten bzw. entsteht aus der sozialen Interaktion zwischen Menschen. Die Bedeutungen werden in einem interpretativen Prozeß, den die Menschen in ihren Auseinandersetzungen mit den ihnen begegnenden Dingen benutzen, gehandhabt und abgeändert (vgl. Blumer 1976, S.81-83).

Die Gruppe wird daher bestimmte Merkmale, Regeln und Normen, d.h. Übereinkünfte, entwickeln, die in einem Interaktionsprozeß ausgehandelt werden und die zum einen ihre eigene Identität und zum anderen die Gegebenheiten der sie umgebenden Umwelt berücksichtigen.

"Diese Übereinkünfte sind die mit Handlungen und Gegenständen verknüpften Bedeutungen. Solche Bedeutungen sind konventionell und daher kulturell insofern, als sie für die Mitglieder der jeweiligen Gesellschaft infolge der Kommunikation typisch geworden sind. Eine Kultur ist demnach eine Abstraktion: Sie ist der Typus, dem sich die Bedeutungen anzupassen streben, welche die gleiche Handlung oder das gleiche Objekt für die verschiedenen Mitglieder der Gesellschaft haben. Die Bedeutungen werden ausgedrückt in Handlungen und in

Handlungsresultaten, aus denen wir die Bedeutungen herleiten; so können wir 'Kultur' durchaus mit dem Maß gleichsetzen, in dem das Konventionen unterworfene Verhalten der Mitglieder der Gesellschaft für alle das gleiche ist." (Redfield 1941, S.132, übersetzt nach H.S. Becker 1981, S.71/72)

Sowohl die Gruppe als auch die Gesellschaft befinden sich in einem ständigen Entwicklungs-Prozeß und insofern auch die jeweilige Kultur.

Mit Bezugnahme auf Hughes kommt Becker zu dem Schluß, daß sich immer dann Kultur entwickeln wird, wenn Menschen, die sich in 'abweichende' Handlungen einlassen, Gelegenheit haben, miteinander in Interaktion zu treten. Diese Kultur ist um Probleme gruppiert, die sich aus dem Unterschied ergeben, der zwischen ihrer Bedeutung einer Handlung und der der anderen Gesellschaftsmitgliedern besteht.

"Wo immer eine Gruppe von Menschen ein Stück gemeinsamen Lebens hat, ein wenig Isolierung von anderen Menschen, eine gemeinsame Ecke in der Gesellschaft, gemeinsame Probleme und vielleicht ein paar gemeinsame Feinde, da erwächst Kultur. Es kann die phantastische Kultur jener Unglücklichen sein, die, süchtig geworden nach dem Gebrauch von Heroin..." (Hughes, E.C. (1961): Students' Culture and Perspectives: Lectures on Medical and General Education, Kansas, S.28/29, zit. und übersetzt nach H.S. Becker 1981, S.72)

Für unseren Zusammenhang der Heroin- bzw. Drogenkultur bedeutet dies zweierlei. Einerseits haben die Heroin-Konsumenten heute schon, d.h. unter den prohibitionistischen Bedingungen, eine Kultur entwickelt. Diese bezieht sich aber wohl unter den gegebenen Umständen in erster Linie auf die Neutralisierung der kriminalisierten Situation, d.h. Beschaffung und Finanzierung der Droge bei gleichzeitiger Minimalisierung des Kriminalisierungs-Risikos, denn hier liegen die Probleme, die von der sozialen Gruppe der Fixer heute vornehmlich bewältigt werden müssen. Um in der prohibitionistischen Terminologie zu bleiben, wären diese Verhaltensweisen wohl am besten als Fixer-Kultur zu bezeichnen[83]. Eine Kultur bestimmter bewußter Handlungsmuster bzgl. des Konsums von Heroin hat sich dagegen wohl in erster Linie bei den nicht-abhängigen Heroin-Gebrauchern entwickelt (s. 4.3.).

Andererseits bedeutet dies, daß sich mit einer Veränderung der gegebenen Probleme - die bei einem legalen Zugang andere sind als unter prohibitionistischen Bedingungen - auch die Bedingungen des Heroin-Gebrauchs ändern, vor allem wegen der offeneren und freieren Interaktions- und Kommunkationsmöglichkeiten. Dies kann dazu führen, daß das Wissen über den Umgang mit Heroin ausgeweitet wird und betrifft sowohl die negativen Folgen und Risiken des Konsums (z.B. Abhängigkeit, Erkrankungen etc.) als auch die positiven Möglichkeiten des Gebrauchs (z.B. Entspannung, Bewußtseinserweiterung etc.). Das Wissen über die Droge entwickelt im Zusammenhang mit der konkreten Drogenerfahrung bestimmte Verhaltensregeln und Ritualisierungen, die die jeweilige Drogen-Kultur mit ausmachen. Drogen-Kultur ist daher nicht statisch und fremdbestimmt, sondern immer wieder von Erfahrungen geleitet und durch die Autonomie der Gebraucher bestimmt. Durch ihre innere Ordnung kann sie Halt und Orientierung geben und vor Unheil und Zerstörung bewahren (vgl. Marzahn 1983a, S.130f.).

Im folgenden sollen nun die Merkmale verschiedener Drogen-Kulturen untersucht werden, um so Gemeinsamkeiten zu finden, die uns eine Vorstellung von dem vermitteln können, welche Möglichkeiten eine solche Perspektive bzgl. Heroin in unserer Gesellschaft eröffnen kann.

---

[83]Die Attraktivität und der Reiz dieser Fixer-Kultur werden z.B. von Berger beschrieben: "Die Komplexität des Lebensstils, den ein Fixer hat, wird wesentlich bestimmt durch die Beschaffungsschwierigkeiten des Opiats und die damit verbundenen Aktivitäten, die durchaus einen geschäftsmäßigen freiberuflichen Charakter haben können. Fixen mit seinen Begleiterscheinungen ist damit ein Lebensstil; der Fixer ist oft eher von diesem Lebensstil als von der Droge abhängig." (Berger 1982, S.1207)

4.2. Kulturen des Drogengebrauchs - einige ausgewählte Beispiele

Zu allen Zeiten und an allen Orten haben Menschen die verschiedensten Substanzen bzw. Drogen benutzt. Drogen-Konsum ist damit ein ubiquitäres Phänomen, und zwar sowohl in historischer als auch räumlicher Perspektive. Dementsprechend vielfältig sind die Beispiele des Konsums der verschiedensten Drogen in den verschiedensten Kulturkreisen, die die Literatur untersucht.

Im folgenden sollen daher nur einige wenige Beispiele angeführt werden, die einen Einblick in immer noch praktizierte, d.h. aktuelle Kultur(en) von Drogengebrauch geben können.

4.2.1. Die Teezeremonie in Japan

Es mag verwunderlich anmuten, daß Tee und der Umgang mit ihm in Zusammenhang mit Drogen-Konsum gebracht wird, kennen wir Tee doch lediglich als Alltagsgetränk, dem wir keinerlei berauschende Wirkung abgewinnen können. Daß es sich bei Tee dennoch um eine Droge handeln kann, beschreibt Staufenbiel. So wurde der Tee in China, und später (ab ca. 1191) in Japan, folgendermaßen hergestellt: Die getrockneten Teeblätter werden zu einem feinen Pulver gemahlen, mit wenig heißem Wasser übergossen und mit einem feinen Besen geschlagen. Der Tee erreicht so die Konsistenz eines sämigen Breis, der gerade noch aus einer Schale getrunken werden kann. In einer solchen Konzentration erscheint eine berauschende Wirkung durchaus als gegeben (vgl. Staufenbiel 1982, S.1015-1017).

Schon bald wurde dem Tee allerdings seine berauschende Wirkung durch ein kompliziertes Zeremoniell weitgehend genommen und er diente seitdem als *Teeweg* dazu, sich im Zusammenhang mit Übungen und Meditation selbst zu vervollkommnen.

"So wurde auch das Teezeremoniell zu einem Weg der Selbstbesinnung und der Übung." (a.a.O., S.1017)

Die Prinzipien des Teeweges sind Harmonie, Ehrfurcht, Reinheit und

Stille. Durch bestimmte Maßnahmen wird dafür gesorgt, daß diese Prinzipien äußerlich im sog. *Teeraum* verwirklicht sind - das Ausüben der Zeremonie soll sie zu einer inneren Erfahrung und zur Lebenshaltung werden lassen. Gleichzeitig drückt die Zeremonie die Gemeinsamkeit und innere Verbundenheit der Anwesenden aus (vgl. a.a.O., S.1020 sowie Marzahn 1983a, S.126). Zudem variiert das Zeremoniell nach Jahreszeit. Nach Staufenbiel verläuft eine sog. *Sommerzeremonie* etwa folgendermaßen:

"Nachdem sich die Gäste in einem kleinen Warteraum versammelt haben, fordert sie der Gastgeber auf, den Teeraum zu betreten. Ein verwinkelter Pfad führt die Gäste zu einem moosbewachsenen Steinbecken mit klarem, reinem Wasser. Der frisch gesprengte Gartenweg, auf dem die Wassertropfen wie Morgentau glänzen, soll den Eindruck eines einsamen Gebirgspfades erwecken. Die Gäste lassen auf diesem Pfad die Welt des Alltags hinter sich und betreten eine eigene, in sich abgeschlossene Welt voller Frieden und Harmonie. Der letzte Staub des Alltags wird symbolisch am Wasserbecken abgewaschen, und die Gäste betreten den winzigen Teeraum. Dieser Raum ist von einer kunstvollen Einfachheit und Leere. Keine laute Farbe stört die Harmonie der einfachen Nüchternheit, sogar die Blumen sind sparsam und zurückhaltend arrangiert. Den ruhigen Farben entspricht die Stille im Raum. Lediglich das Wasser im Kessel siedet, und das Geräusch erinnert an das sanfte Rauschen des Windes in den Pinien. Die Gäste betrachten die wenigen Geräte im Raum, die die Patina eines hohen Alters und des häufigen Gebrauchs zeigen. Zuerst reicht der Gastgeber eine kleine, aber kunstvoll zusammengestellte Mahlzeit, kaiseki. Kaiseki, wörtlich: heißer Stein in der Brusttasche, erinnert daran, daß sich die Zen-Mönche bei der Wintermeditation zum Schutz vor der schlimmsten Kälte einen erwärmten Stein in die Brusttasche legten. So soll dieses Mahl nicht üppig sättigen, sondern eben vor dem Hunger schützen, damit man sich ganz dem Tee widmen kann. Nun erneuert der Gastgeber das Holzkohlenfeuer unter dem Wasserkessel und entläßt die Gäste zu einer Pause in den Garten. In dieser Pause ordnet er den Raum neu. Die Blumen werden durch

eine Hängerolle mit einer Zen-Kalligraphie ersetzt und das ohnehin schon gedämpfte Licht durch Bambusrouleaus vor den Papierfenstern weiter verringert. Ein Gong ruft die Gäste in den Teeraum zurück, in dem nun in äußerster Konzentration der Tee bereitet wird. Zunächst trägt der Gastgeber das Teegerät in den Raum, um es dann mit genau vorgeschriebenen Bewegungen zu reinigen. Er bereitet nun für alle Gäste zusammen eine einzige Schale Tee, die sie nacheinander austrinken, um so ihre Zusammengehörigkeit zu zeigen. Das Teegerät wird erneut gereinigt, und die Gäste haben die Gelegenheit, die einzelnen Stücke zu betrachten, bevor alles wieder hinausgetragen wird. Eine zweite, weniger strenge Zeremonie, bei der jedem Gast einzeln, wenn auch in einer einzigen Schale, der Tee bereitet wird, schließt die Zusammenkunft ab." (Staufenbiel 1982, S.1013/1014)

So ist in Japan der Gebrauch von Tee Meditation und soziales Ereignis zugleich. Er ist damit Ausdruck der Lebensphilosophie und bezieht zudem den Alltag, d.h. das soziale Umfeld sowie den momentanen Zustand der Natur, in die Zeremonie mit ein.

4.2.2. Qat im Jemen

Qat ist ein Rausch- und Genußmittel, welchem durch Kauen der Wirkstoff entzogen wird. Es wird lediglich in Südost-Äthiopien und im Jemen angebaut, und sein Gebrauch ist geographisch auch auf diese Gebiete beschränkt. Die Wirkung von Qat, die von der Dosierung abhängig ist, reicht von Euphorie bis zum schweren Rausch. Die Neben- und Nachwirkungen des Konsums von Qat richten sich nach dem Wirkstoffgehalt. Vier Sorten des Qat werden nach Wirkstoffgehalt unterschieden: schwach, mäßig, stark, äußerst stark. Die beiden ersten, d.h. die schwächeren Sorten sind teurer und werden vornehmlich von der Oberschicht konsumiert, während die stärkeren Sorten billiger sind und somit von den ärmeren Bevölkerungsgruppen benutzt werden. Die Nebenwirkungen und gesundheitlichen Schäden sind dementsprechend bei den ärmeren Qat-Benutzern konzentriert und bestehen in Appetitlosigkeit (die auch zu Unterernährung führen kann), Potenzminderung und anderer körperlicher Schäden (vgl. Schopen 1982, S.850-856). Ein erhebliches Ausmaß gesundheitlicher Schädigungen wird allerdings von Kennedy in Frage gestellt (vgl. Kennedy 1982, S.868-871).

Die sog. *Qatsitzung* ist schichtspezifisch unterschiedlich. Während eine Qatsitzung in den ärmeren Schichten meist am Arbeitsplatz stattfindet und in erster Linie der Arbeitskraft-Steigerung dient, ist eine Qatsitzung in der Oberschicht ein geselliges Ereignis zur Erlangung von Wohlbefinden (vgl. Schopen 1982, S.856-860).

Da die Qatsitzung der Oberschicht das Ideal des Qat-Konsums auch für die ärmere Bevölkerung darstellt, sei eine solche im folgenden skizziert:

Eine Qatsitzung ist ein geselliges Ereignis, an dem 5 - 30 Personen teilnehmen, bei besonderen Anlässen auch bis zu 100. Sie findet in einem speziellen Raum statt, der eine Größe von 10 x 3 Metern besitzt und der auf das oberste Stockwerk eines Hauses gebaut ist, so daß die Teilnehmer 'bis ins Gebirge' schauen können. Ist der sog. Qatraum zu ebener Erde, so fällt der Blick auf Wasserspiele und eine blühende Vegetation (vgl. a.a.O., S.857-860 sowie Jenner 1983, S.145).

Der eigentlichen Sitzung geht das Mittagessen voraus, um die negativen Auswirkungen des Qatkauens zu mindern. Zudem wird am Vormittag ein längerer Spaziergang gemacht, um das Durstgefühl zu erhöhen, damit während der Sitzung möglichst viel Wasser getrunken werden kann, da dies erst die Wirkstoffe des Qat freisetzt.
Zu Qatsitzungen gibt es keine Einladungen, "aber in der jeweiligen Gruppe weiß man, wann und bei wem eine Sitzung stattfindet." (Schopen 1982, S.857).

Eine Sitzung beginnt nach dem Mittagessen - nach Waschung und Gebet - und dauert bis Sonnenuntergang, bei besonderen Anlässen auch länger (während des Fasten-Monats findet sie nachts statt).

Nach der Begrüßung nimmt jeder Teilnehmer, entsprechend seinem Status, seinen Platz im Raum ein. Sodann werden die Wasserpfeifen gebracht, die ebenfalls nach Status ausgeteilt werden, d.h. das kostbarste Gerät wird an die Person mit dem höchsten Status ausgegeben (vgl. a.a.O., S.858).

Das Qat-Kauen beginnt damit, daß man aus einem geöffneten Bündel einige Zweige der Qat-Pflanze herausnimmt, auf eine vorgegebene Art und Weise die Blätter abzupft, diese mit den Fingern reinigt und dann in die linke Mundhälfte schiebt. Die Blätter werden gekaut und so der enthaltene Saft entzogen, den man anschließend schluckt. Dazu trinken die Teilnehmer reichlich Wasser, um die Wirkung zu erhöhen, und rauchen Wasserpfeife. Während der ersten Hälfte der Sitzung ist es üblich, von dem mitgebrachten Qat abzugeben und von den anderen Teilnehmern Qat zu erhalten.

"Etwa nach zwanzig Minuten beginnt die erste Phase. Das gesteigerte Konzentrationsvermögen, die geschärfte Beobachtungsgabe bestimmen die einsetzenden Aktivitäten. Politische, historische, literarische oder gesellschaftliche Themen werden diskutiert. Es werden Konflikte geschlichtet, für die nicht unbedingt ein Gericht angerufen werden muß. Kurz, alle Aspekte des gesellschaftlichen Lebens werden behandelt. Diese Gespräche verlaufen heiter und freundlich, nicht aggressiv.
Im weiteren Verlauf der Sitzung entspannen sich die Anwesenden mehr und mehr; kauend, wassertrinkend und rauchend finden sie sich im vertraulichen Gespräch. Es herrscht eine Atmosphäre des Wohlbefindens und der Zufriedenheit, alle befinden sich im gegenseitigen Einverständnis, und das ist der Beginn der zweiten Phase. Das Reden läßt nach, Ruhe kehrt ein, jeder fühlt die Last irdischen Daseins von sich genommen, Gelassenheit herrscht vor. Eingebettet in das Wohlwollen der Freunde, entrückt die Realität, Raum und Zeit nehmen andere Dimensionen an. Glücksbilder tauchen auf, man fühlt sich dem Paradies sehr nahe. Dieser Zustand ist der Höhepunkt der Qatsitzung.
Mit nachlassender Wirkung kehrt die Realität zurück. Bangigkeit, Niedergeschlagenheit, Unsicherheit drücken sich auf den

Gesichtern aus. Die dritte Phase hat eingesetzt, das Ende der Qatsitzung ist in Sicht. Bevor man auseinandergeht, trinkt man - vor allem um das Stimmungstief zu beseitigen - gemeinsam Tee." (a.a.O., S.858/859)

Eine Qatsitzung ist also nicht nur ein gemeinsames Verhalten Gleichgesinnter, sondern hat vielmehr auch zentrale soziale Bedeutung bzgl. Kommunikation, Diskussion und Konfliktbearbeitung bzw. -schlichtung. Die Sitzung trägt zum Zusammenhalt der jeweiligen Gruppe bei, die wiederum beruhigend auf den einzelnen wirkt, gerade auch bzgl. des Auffangens eventueller negativer Stimmungen beim Nachlassen der Wirkung. Zudem scheint die Qatsitzung ein wichtiger Faktor zur Aufrechterhaltung der Sozialstruktur und Identitätsbestätigung zu sein, da die Teilnehmer jeweils der gleichen - hier der Ober-Schicht - entstammen.

4.2.3. Die Kunst des Opium-Rauchens

Opium ist der eingetrocknete Milchsaft der Mohnkapsel (papaver somniferum) und ist unter anderem die Grundsubstanz zur Herstellung von Heroin. Der Gebrauch von Opium und dessen Kultur hat eine jahrtausendealte Geschichte[84]. Dabei ist die Erzeugung eines veränderten Bewußtseinszustandes nur ein Grund des Gebrauchs, denn auch die Geschichte des Opiums als (Universal-)Heilmittel ist lang und beeindruckend (vgl. Schmitz 1982, S.651-660).

In unserem Zusammenhang soll es allerdings um die Kultur des Opium-Rauchens gehen, welches das Bewußtsein verändern soll. Die Regeln, die hierfür existieren, wurden vor allem von Abu'l-Qasam Jazdi ("Traktat für Opiumraucher") in persischer Sprache niedergeschrieben (vgl. Gelpke 1982, S.58/59 sowie Marzahn 1983a, S.122-125). Auch Anwari-Alhosseyni beschreibt das Opium-Rauchen aus eigener Beobachtung. Man benötigt: Opiumpfeife, Feuerzange,

---

[84]Vgl. zur Kulturgeschichte des Opiums ausführlich Seefelder 1987, S.7-163 sowie Behr 1984, S.15-147.

Kohlebecken, glühende Kohle, Nadel, Opiumzange, Taschenmesser und Opium. Zum Ritual sind ferner unerläßlich: Samowar, Teekanne, Teetassen und Süßigkeiten.

> *"Alle angeführten Teile kommen natürlich oft in Luxusausführung vor, um das Ansehen des Opium-Rauchers zu fördern ... Mindestens eine Stunde vor dem Rauchen sollte man sich seelisch darauf einstellen und mit den Vorbereitungen beginnen. Alle oben genannten Gegenstände sollten in einem sauberen Raum oder, bei mildem Wetter, unter freiem Himmel bereitgestellt sein. Der Raum wird mit Matratzen, Kissen und Decken ausgelegt, damit man sich beim Rauchen und danach entspannt zurücklegen kann. Um die Ruhe und Entspannung nicht zu beeinträchtigen, stellt man noch unter die Kohlebecken und Opiumpfeifen oft fein gearbeitete Tabletts, damit durch Funkenflug keine Brände entstehen können."* (Anwari-Alhosseyni 1982, S.831/832)

Sind die Vorbereitungen getroffen, fängt das Ritual an. Man nimmt eine Opiumpille, klebt sie auf den Kopf der Opiumpfeife und läßt sie vorsichtig am Feuer brutzeln. Mit der Feuerzange greift man nun ein Stück glühende Holzkohle, hält sie ca. 1 cm über das Opium und zieht, bis die Pille aufgeraucht ist. Danach kratzt man mit einem Taschenmesser die Opiumreste vom Pfeifenkopf, womit die Pfeife für eine neue Pille bereit ist (vgl. a.a.O., S.831 sowie Gelpke 1982, S.58/59).

Wichtig ist für das gesamte Ritual, daß man nicht alleine ist, weil man glaubt, daß sonst böse Geister ihre Kräfte entfalten könnten. Auch soll man nicht unter Fremden und/oder Nicht-Rauchern rauchen. In gemischter Gesellschaft müssen daher auch Nicht-Raucher mindestens eine Pille symbolisch mitrauchen. Ideal ist ein Freundeskreis, in dem die Raucher sich verstanden fühlen und seelisch aufeinander eingestimmt sind (Anwari-Alhosseyni 1982, S.831/832; Gelpke 1982, S.59).

Zudem ist es verboten, an windigem, schmutzigem oder dunklem Ort zu rauchen sowie in Gesellschaft eines Tadlers. Auch Sprechen ist während des Rauchens - insbesondere wenn das Opium am Pfeifenkopf zischt[85] - nicht erlaubt. Das Trinken von abgestandenem, zu schwachem, lauwarm oder kalt gewordenem Tee hat zu unterbleiben (vgl. Gelpke 1982, S.59).

"Man soll drei bis vier erbsengroße Pillen in kurzen Abständen rauchen, tief einziehen und, nach langem Anhalten, den Rauch stoßweise durch die Nase ausatmen, darauf heißen Tee mit Süßigkeiten trinken, mit halbgeschlossenen Augen 'wach träumen' und die Trunkenheit (nasch'egi) genießen.
In dieser Phase trägt man auch Gedichte vor und musiziert, oder man hört aufmerksam zu und drückt sein Gefallen durch leise Worte oder Gesten aus." (Anwari-Alhosseyni 1982, S.82)

Auch das hier beschriebene Opium-Rauchen ist also ein soziales Ereignis, in dem mögliche negative Wirkungen durch die Gemeinschaft gemildert bzw. ausgeschlossen werden. Das Ritual und die Einbettung in religiös-mystische Bezüge schützt den Raucher von Opium vor Übermaß und Abhängigkeit. Daher ist es im Orient eher die Regel als die Ausnahme, daß die Benutzer mit Opium umzugehen wissen und durch Pausen und kluge Dosierung jede Süchtigkeit vermeiden.

4.2.4. Gemeinsamkeiten einer Drogen-Kultur

Es ist über drei verschiedene Drogen-Kulturen berichtet worden, die jedoch nur eine Auswahl aus einem reichhaltigen Spektrum darstellen. Ebensogut hätten wir den rituellen Cannabis-Gebrauch im Shiva-Kult oder bei tantrischen Ritualen in Indien betrachten können (vgl. Moser-Schmidt 1982, S.937-940), das Betel-Kauen in Melanesien (vgl. Seyfarth 1982, S.976-982), den Umgang mit Peyote bei den mittel- und nordamerikanischen Indianern (vgl. Furst 1982, S.806-814 sowie La Barre 1982, S.816-820) oder den in Religion und Alltag

---

[85]"Das Geräusch des 'Zischens' wird mit dem zekr (= Erwähnung der göttlichen Namen) verglichen und soll den Raucher in eine Art mystische Ekstase versetzen." (Anwari--Alhosseyni 1982, S.832)

tief verwurzelten Gebrauch von Coca bei den südamerikanischen Indianern (vgl. Scheffer 1982, S.762-765). Die Reihe wäre nahezu beliebig fortsetzbar.

Was haben nun diese Beispiele gemeinsam? Zunächst handelt es sich um gesellschaftlich akzeptierte bzw. integrierte Drogen, um die herum sich eine Anzahl von Bedeutungen und Verhaltensregeln entwickelt hat, die für alle typisch geworden sind. Insofern handelt es sich um Formen von Drogen-Kultur, da Übereinkünfte über die Bedeutungen, d.h. die Umstände sowie die Art und Weise des Konsums der Droge, ausgehandelt worden sind. Die kulturellen Regeln sind nicht willkürlich gewählt, sondern sind am Gebrauch der Droge selbst entwickelt und orientiert, d.h. sie zeigen den Gebrauchern, wie mit Drogen in einer Weise umgegangen werden kann, die negative Folgen weitgehend ausschließt (vgl. Marzahn 1983a , S.129).

So ist das wichtigste Phänomen von Drogen-Kultur das *soziale Ereignis* - d.h. Kommunikation, Interaktion und Gemeinschaft. Der Einzelne ist fest eingebettet in eine ihm vertraute und verläßliche Gruppe, deren Gemeinschaft ihn vor den unmittelbaren negativen Folgen des Gebrauchs der Droge schützt, aber auch vor eventuellen langfristigen Folgen, wie etwa der Abhängigkeit. Der Einzelne und die Gruppe wissen um etwaige positive, aber auch negative Folgen des Gebrauchs und setzen sich daher selbst Regeln, die die negativen Folgen vermeiden und die positiven Wirkungen begünstigen. Der Umgang ist daher nicht fremdbestimmt durch Verführung oder Verbot, sondern vielmehr autonom und von Erfahrungen geleitet (vgl. a.a.O., S.129). Die daraus hervorgehenden Regeln und Rituale bilden die *innere Ordnung* der jeweiligen Drogen-Kultur.

Ein zweiter wichtiger Aspekt von Drogen-Kultur ist der feste Platz des Gebrauchs in Raum und Zeit, d.h. man versammelt sich an einem besonderen Ort und zu einer besonderen Zeit. Neben der inneren Ordnung des Gebrauchs gibt es also auch noch eine *äußere Ordnung*. Der Drogengebrauch erhält damit die Aspekte der Selbstbegrenzung und des Rhythmus, die den Gebrauch in den (All-)Tag, die Woche, das Jahr, die zeitliche Gliederung des Lebens einbettet. Der Rausch, der Genuß, die Ekstase hat damit ihren festen Platz und ist nicht darauf gerichtet, diesen Zustand zu fixieren. Marzahn bezeichnet dies als den wichtigsten Unterschied zwischen Drogen-Kultur und Drogen-Sucht, die versucht, diesen Zustand der Vergänglichkeit zu entreißen. Gerade auch die äußere Ordnung dient daher zur Vemeidung von unerwünschten Folgen des Drogenkonsums (vgl. a.a.O., S.130).

Der dritte und letzte Aspekt von Drogen-Kultur ist der, daß 'Neue' von erfahrenen und kundigen Gebrauchern eingeführt werden. Dies kann entweder während einer 'Sitzung' durch den *Meister* oder *Schamanen* geschehen oder auch außerhalb der Zeremonie; dafür ist z.B. die Einführung der Kinder der *Huichol-Indianer* in die *Peyote-Wallfahrt* durch den Schamanaältesten ein schönes Beispiel (vgl. Furst 1982, S.805/806). Auch Anwari-Alhosseyni berichtet, daß er schon als Kind in Begleitung seines Vaters an Zusammenkünften teilnehmen durfte und dort in jeder Hinsicht Erfahrungen sammeln konnte (vgl. Anwari-Alhosseyni 1982, S.829/830).

Eine solche Einführung in den Drogen-Konsum bzw. die Kultur desselben verhindert das blinde und unwissende 'Hineinstolpern' in den Gebrauch von Drogen und dessen mögliche negative Konsequenzen (vgl. auch Marzahn 1983a, S.131).

Zusammenfassend läßt sich demnach sagen, daß eine Drogen-Kultur durch ihre innere und äußere Ordnung Halt und Orientierung im Umgang mit Drogen gibt. Sie ist eingebettet in die Lebensformen und Lebensziele der Gebraucher und weist daher der Droge eine sinnvolle Rolle in dieser Lebens-Konzeption zu. Drogen-Kultur vermittelt Kenntnis von der Wirkungsweise, den Vorzügen und potentiellen Nachteilen der Droge und gibt so eine Sicherheit des Gebrauchs bei gleichzeitig bejahender und scheuer Achtung der Droge. Sie beinhaltet die aus Erfahrungen entwickelten Regeln, die beide Seiten des Drogen-Gebrauchs berücksichtigen. Sie gibt den Jungen und Unerfahrenen erlernbare Regeln an die Hand und bewahrt sie so vor unkundigem und unsachgemäßem Gebrauch.

Im folgenden soll nun darüber nachgedacht werden, ob die Perspektive einer Drogen-Kultur für die Droge 'Heroin' auch in unserer

Gesellschaft denk- und machbar ist. Den Ausgangspunkt sollen dabei die sog. kontrollierten Heroinkonsumenten bilden.

4.3. Nicht-abhängiger kontrollierter Heroin-Konsum

Aus den oben angeführten Beispielen haben wir drei wesentliche Aspekte einer Drogen-Kultur abgeleitet: eine innere Ordnung, eine äußere Ordnung, Einführung von Unerfahrenen in den Drogengebrauch durch Kundige.

Anhand der Literatur zu kontrolliertem Heroinkonsum soll nun untersucht werden, wie es diesen nicht-abhängigen Heroinkonsumenten gelingt, Abhängigkeit und negative Folgen des Konsums auszuschließen und ob es dabei Gemeinsamkeiten gibt mit den o.g. Kulturen des Drogengebrauchs.

Zunächst muß gesagt werden, daß es keine gesicherten Daten zur Zahl der Personen gibt, die Heroin kontrolliert und nicht-abhängig gebrauchen. Dies liegt zum einen daran, daß das Gebrauchsmuster des kontrollierten Gebrauchs in der wissenschaftlichen Literatur nur wenig Beachtung findet. Wird es berücksichtigt, so sind die Kategorien, die einem solchen Konsum zugeordnet werden, so verschieden, daß eine verallgemeinernde Aussage nicht möglich ist. Die sorgfältigsten Forschungen in diesem Zusammenhang stammen wohl von Zinberg und Harding, die sich seit 1973 dem Phänomen des kontrollierten Heroin-Benutzers widmen (vgl. Zinberg u.a. 1978; Zinberg 1979; Harding u.a. 1980; Harding 1982; Zinberg 1983).

Dabei nehmen sie, obwohl eine sichere Datenlage noch nicht vorhanden ist, einen Prozentsatz von mindestens 40% kontrollierter Heroin-Benutzer an der Gesamtzahl aller Heroin-Konsumenten an (vgl. z.B. Harding 1982, S.1230).[86]

---

[86] Dabei gilt als kontrollierter Heroin-Benutzer nur derjenige, der folgende Kriterien erfüllt: "Subjects were required to be over 18 and to have used opiats at least 10 times per year for more than 2 years and at least 2 times during the 6 month preceding in the interview. They must not have had more than one 'spree' - an instance from 4 to 15 consecutive days of opiate use - in any of these years. With the exception of tobacco they must have been using all drugs, licit and illicit, in a controlled way and must not have been in

Die Forscher fragten sich, welche Unterschiede bestehen zwischen Personen, die abhängig werden, und solchen, die die Droge kontrolliert benutzen. Sie kamen zu dem Ergebnis, daß der Unterschied weder in der Verfügbarkeit der Droge oder gar der Droge selbst, noch in spezifischen Persönlichkeits-Merkmalen zu finden sei, sondern in erster Linie im soziokulturellen Bereich, d.h. konkret: durch die Verbindung zu Gruppen, die die Droge kontrolliert benutzen (vgl. Harding 1982, S.1225; Zinberg 1979, S.308). Hier lernt der Gebraucher von und mit der Gruppe bestimmte Riten und Normen, die einen kontrollierten Opiat- bzw. Heroin-Genuß festlegen und unterstützen und zugleich potentiell nachteilige Wirkungen verringern. Diese Regeln beziehen sich auf die Auswahl der Örtlichkeiten des Konsums, der Verhältnisse und Partner sowie auf die Aktivitäten nach der Berauschung, "die der Konsument als Teil des Drogengebrauchs betrachtet" (Harding 1982, S.1226), etc.

Die kontrollierten Gebraucher haben diese Regeln stark internalisiert, so daß sie sie zwar teilweise artikulieren können, oft aber auch nicht, weil sie sich häufig gar nicht bewußt darüber sind, daß sie überhaupt bestimmten Regeln folgen (vgl. Zinberg 1979, S.308).

Die kontrollierten Regeln funktionieren in vierfacher sich teilweise überschneidender Art und Weise (vgl. Zinberg 1979, S.309; Harding 1982, S.1026f.; Harding u.a. 1980, S.55f.).

1) Sucht und Abhängigkeit werden verurteilt. Festgelegte Maßstäbe definieren und bestimmen den kontrollierten Konsum. So wird die Häufigkeit des Gebrauchs auf eine nicht-abhängigmachende Frequenz gesetzt, etwa: 'Nimm niemals länger als an zwei aufeinanderfolgenden Tagen', 'Nimm nie jeden Tag'.

2) Beschränkung des Gebrauchs auf bestimmte örtliche und soziale Arrangements. So soll man Heroin nie alleine nehmen, damit im Notfall Hilfe gesichert ist; man soll das Autofahren unter Heroin-

---

a drug-free ore methadone maintainance program, in jail, or in any other confining institution during their years of controlled use." (Zinberg 1979, S.306)

Einfluß vermeiden; man soll Heroin nicht mit Süchtigen gemeinsam konsumieren oder in Gegenwart Fremder (um das Risiko und die Angst vor einer Verhaftung zu minimieren). So fördert man ein positives und sicheres Drogenerlebnis.

3) Vorsichtsmaßregeln ziehen unerwünschte Wirkungen des Heroin-Gebrauchs in Betracht. So applizieren einige zunächst nur einen Teil ihrer Portion und warten ab, wie sich die Wirkung entfaltet, bevor sie mehr nehmen. So wird einer Überdosis vorgebeugt. Es soll vermieden werden, verschiedene Drogen zu mischen, weil sonst nicht-einschätzbare Kombinationen entstehen können. Das Spritzbesteck soll vor Gebrauch sterilisiert werden. Die kontrollierten Heroin-Gebraucher sind auch vorsichtig im Hinblick auf die Bezugsquelle ihres Heroins und darauf, welche Personen sie von ihrem Opiat-Konsum wissen lassen.

4) Regeln weisen dem Drogengebrauch einen beschränkten Platz im Leben der Gebraucher zu und unterstützen die Verpflichtungen und Beziehungen, die nichts mit dem Heroin-Gebrauch zu tun haben. So nehmen einige Personen Heroin nicht Sonntag nachts, weil sie sonst am Montag zu müde wären zum Arbeiten. Andere regeln genau ihre Ausgaben für die Droge in ihrem Haushaltsplan. Für einige ist es eine Voraussetzung des Drogengebrauchs, daß jemand auf ihr Kind aufpaßt.

Solche Regeln variieren unter den einzelnen Konsumenten bzw. auch zwischen Gruppen von kontrollierten Gebrauchern. Die Regeln entwickeln sich im Laufe eines Lernprozesses des einzelnen und der Gruppe. So ist nach Zinberg die Gruppe Gleichgesinnter für quasi alle kontrollierten Konsumenten absolut notwendig, um ihre Regeln beizubehalten und weiterzuentwickeln. Die Gruppe ermöglicht Kommunikation über Drogenerfahrungen und gibt durch ihre Regeln Sicherheit, Halt und Orientierung im Umgang mit der Substanz (vgl. Zinberg 1979, S.309; H.S. Becker 1983, S.194/195).

Der kontrollierte Heroin-Konsum enthält somit alle Aspekte einer Drogen-Kultur. Kontrollierter Heroin-Gebrauch ist ein soziales Ereignis. Die Gruppe von Gleichgesinnten ermöglicht Kommunikation über und damit Sicherheit bei der Drogenerfahrung. Die Möglichkeit negativer Wirkungen des Konsums wird durch die Gemeinschaft weitgehend ausgeschlossen, die mit ihren Regeln und Vorsichtsmaßnahmen gewissermaßen als Schutzwall gegen Unheil und Abhängigkeit wirkt.

Dem Heroin-Gebrauch wird, ebenso wie in den oben dargestellten Drogen-Kulturen, ein fester Platz in Raum und Zeit zugeordnet, indem sowohl die Örtlichkeit als auch der Zeitpunkt des Konsums so gewählt wird, daß eine positive Drogenerfahrung gewährleistet ist und gleichzeitig andere soziale Verpflichtungen und Beziehungen nicht beeinträchtigt werden. Der Heroin-Konsum hat damit seinen festen und gleichzeitig beschränkten Platz im Leben des einzelnen und ist eingebettet in die soziale und zeitliche Gliederung des Lebens.

Auch den dritten Aspekt einer Drogen-Kultur finden wir beim kontrollierten Heroin-Konsum wieder: Das Einweisen der Unerfahrenen in den kontrollierten Gebrauch durch Kundige. Dies trifft sowohl für Anfänger zu, die den kontrollierten Gebrauch erlernen, aber ebenso auf ehemals Abhängige, die über den Kontakt zu kontrollierten Gebrauchern langsam in die Rolle des gemäßigten Benutzers hineinwachsen (vgl. Harding u.a. 1980, S.50-56 sowie Bülow 1989b, S.122f.).

Im folgenden sollen daher diese Übereinkünfte, bezogen auf einen kontrollierten Heroin-Gebrauch, als *Heroin-Kultur* benannt werden.
Um aber Heroin-Kultur bzw. kontrollierten Heroin-Konsum zu einem dominierenden Gebrauchsmuster werden zu lassen, ist der legale Zugang zur Substanz eine unabdingbare Voraussetzung. Davon handelt das folgende Kapitel.

4.4. Legaler Zugang zu Heroin als Voraussetzung von Heroin-Kultur

Wir haben gesehen, daß die Entwicklung und Weitergabe von kontrollierenden Regeln des Heroingebrauchs ein Produkt von Kommunikation und Interaktion in der Gemeinschaft ist, d.h. Anfänger und Abhängige erlernen durch den Kontakt zu einer Gruppe kontrollierter Gebraucher den gemäßigten Konsum. In einem informellen Lernprozeß wachsen diese Personen in die Rolle des kontrollierten Heroin-Konsumenten hinein. Dieser Lernprozeß findet im Rahmen der heute herrschenden prohibitionistischen Situation allerdings in einem subkulturell-illegalen Kontext statt, der von Repression und damit dem Mißtrauen aller Beteiligten geprägt ist. In einer solchen Situation steigt, wie Bülow zu recht feststellt, das Risiko des Mißlingens dieses Lernprozesses (vgl. Bülow 1989a, S.15). Darüber hinaus ist der dazu notwendige Kontakt zu einer Gruppe kontrollierter Heroin-Gebraucher die Ausnahme, d.h. die Chance zum Erlernen eines gemäßigten Konsums ist dem Zufall überlassen (vgl. Harding 1982, S.1128). Der illegale Konsum muß geheimgehalten, in jedem 'Neuen' muß ein Agent bzw. V-Mann der Polizei vermutet werden, was zu einem Abschotten der kontrollierten Konsumenten nach außen führt. Dem Anfänger stehen damit nicht verschiedene Gruppen mit verschiedenen Konsummustern zur Auswahl, sondern er hat quasi nur die Wahl zwischen Abstinenz oder Fixer-Szene, d.h. exzessivem Konsummuster.

Illegalität und Kriminalisierung verhindern somit die Heraus- und Weiter-Bildung einer Heroin-Kultur. Sie sabotieren die sozialen Voraussetzungen, die notwendig sind, um Heroin-Kultur wachsen und entstehen zu lassen, wie etwa einen angst- und repressionsfreien Raum, in dem in offener und freier Kommunikation ein sinnvoller und kontrollierter Umgang mit Heroin entworfen, gelebt und weiterentwickelt werden kann. Die prohibitionistische Drogen-Politik verhindert die notwendige gesellschaftliche Akzeptanz und die gesellschaftlich relevante Etablierung eines auf autonomen und erfahrungsgeleiteten Regeln gründenden Kontrollsystems, das den nicht-abhängig-machenden Umgang mit Heroin lehr- und lernbar machen könnte (vgl. Bülow 1989b, S.112; Scheerer 1986a, S.118; Harding 1982, S.1228; Zinberg 1983, S.266).

Damit wird der legale Zugang - eine *Legalisierung jenseits von Verbot und Vermarktung* - zur notwendigen Voraussetzung einer Heroin-Kultur, die weite Kreise der heroin-konsumierenden Bevölkerung erreichen kann. Dabei ist Heroin-Kultur nicht etwas statisches Anderes, sondern vielmehr ein autonom und gruppenspezifisch zu entwikkelndes Neues anstelle von Macht - sei es nun die Macht der vermarktenden Werbung und Animation oder die Macht der repressiven Durchsetzung des Verbotes.

Die These, daß ein legaler Zugang zu Heroin und ein zumindest diesbezüglich repressions- und angstfreies soziales Umfeld eine *notwendige Voraussetzung* einer Heroin-Kultur sei, sollte damit deutlich geworden sein. Über die Frage, ob es sich dabei auch um eine *hinreichende Voraussetzung* handelt, soll im folgenden Kapitel nachgedacht werden.

4.5. Erfordert Heroin-Kultur eine 'andere Gesellschaft'?

Die vorliegende Abhandlung geht, wie oben bereits deutlich gemacht wurde, von der Annahme aus, daß Drogen-Gebrauch ein ubiquitäres Phänomen ist und eine unveränderliche soziale Konstante darstellt. Dieses akzeptierend, geht es hier nicht um eine Eliminierung von Drogen-Konsum aus der Geselschaft, sondern um die Entwicklung eines unproblematischen Gebrauchs von Drogen. Insofern plädiert der hier vertretene Ansatz für eine Veränderung der herrschenden gesellschaftlichen Bedingungen der Fremdbestimmung einer prohibitionistischen Drogen-Politik sowie für die Beseitigung der sozialen Bedingungen der Kriminalisierung und Illegalität, um Raum zu schaffen für Selbstbestimmung und Selbstregulierung.

Daß die Fähigkeit, den Umgang mit Heroin in einer autonomen Art und Weise zu praktizieren, in der Gesellschaft durchaus vorhanden ist, belegt die Existenz der kontrollierten Heroin-Gebraucher. Das heute vorherrschende Konsummuster des abhängigen Gebrauchs ist wesentlich auf die Verhinderung von Kommunikation und kulturellem Regelwerk durch die Illegalität zurückzuführen. Mit diesen sozialen Bedingungen finden sich die Befürworter eines legalen Zugangs nicht ab und klagen eine Veränderung der gesellschaftlichen Bedingungen bzw. die Voraussetzungen einer Heroin-Kultur ein.

Der Einwand, der in Diskussionen an dieser Stelle stets angebracht wird, ist der, daß die hier entwickelte Perspektive auf der Autonomie, Selbstbestimmung und Verantwortlichkeit der einzelnen Gesellschaftsmitglieder beruhe. Gerade diese Aspekte gesellschaftlichen Lebens seien aber nicht vorhanden. Hier sei die große Zahl der Alkohol-Abhängigen und deren gesundheitliche Verelendung der beste Beweis dafür, daß Streß, Verschleiß, Arbeitslosigkeit, Verarmung, immer weniger Lebensqualität durch Zerstörung der Natur, Zusammenbruch der Kommunikation in den Städten, soziale Isolierung in einer auf Leistung und Konsum orientierten Umgebung etc. bei immer mehr Menschen zu aufgestautem 'Frust' führten, der die Flucht in Ersatzwelten - Video, Dauerfernsehen, Drogen-Konsum, Spiel-Sucht etc. - notwendig mache. Unter solchen sozialen Bedingungen seien Entfremdung und Fremdbestimmung die dominanten Faktoren, Selbstbestimmung dagegen sei Illusion.

"Alles deutet darauf hin, daß die Anpassungsfähigkeit der menschlichen Subjekte an den von Menschen geschaffenen und gesellschaftlichen Überbau sich erschöpft hat. Weil die menscheneigene Körperchemie als Anpassungs- und Steuerungsmechanismus versagt, ist die Arbeit nur noch zu bewältigen und das Leben nur noch zu ertragen durch chemische Fremdsteuerung." (Amendt 1989, S.21)

Stein-Hilbers bezeichnet eine Legalisierung in diesem Zusammenhang als 'Ideologie der Toleranz' bzw. mit dem Marcuseschen Begriff der 'repressiven Toleranz'. Diese Ideologie negiere, daß viele Formen von Abweichung Reaktionen auf Deprivation und Unterprivilegierung seien. Sie versuche die Integration von Verhaltensweisen zu bewerkstelligen, die eigentlich Anlaß zu einer Kritik der Gesellschaft sein sollten. Die Freigabe von Heroin bedeute daher inhaltlich und politisch, daß man sich mit der Unveränderbarkeit von sozialen Bedingungen abgefunden habe und den Gedanken an Therapie vollständig aufgebe (vgl. Stein-Hilbers 1980, S.32).

Diesen Einwendungen ist insoweit zuzustimmen, als eine Legalisierung von Heroin die außer ihr liegenden sozialen Bedingungen von Drogen-Abhängigkeit und -Konsum, die am ehesten mit dem Begriff der sog. 'Suchtstruktur' der Gesellschaft zu bezeichnen wären, nicht beseitigen kann. Weiterhin wird es Abhängige sowohl von legalen als auch von illegalen Drogen und damit Heroin geben.

Trotzdem greift die vorgetragene Kritik an einer Legalisierung von Heroin zu kurz. Zum einen werden die vielen positiven Auswirkungen einer Legalisierung nicht berücksichtigt. So wären die Betroffenen z.B. unter gänzlich anderen Bedingungen abhängig. Sie wären nicht auf Beschaffungskriminalität angewiesen, könnten sich einer konstanten Qualität der Droge sicher sein, hätten durch die entfallenen Beschaffungsschwierigkeiten Zeit und Raum zu sozialer Interaktion und Partizipation, die Möglichkeit einer angstfreien Selbsthilfe, würden nicht zu Abstinenz genötigt, sondern könnten in einem repressionsfreien Umfeld selbstbestimmt über Art und Umfang von Hilfe entscheiden. Diese Effekte sind nicht erst in einer im Ganzen veränderten Gesellschaft möglich, sondern sind die unmittelbaren Erfolge des legalen Zugangs zu Heroin für alle.

Zum anderen erscheint die Strategie der vorgetragenen Kritik, die mit Verweis auf die Existenz von Fremdbestimmung die Einschränkung von Selbstbestimmung zu legitimieren sucht, nicht schlüssig. Wie denn anders als durch die Zurückgabe von Entscheidungskompetenzen an die Gesellschaft und ihre Mitglieder kann Selbstbestimmung eingeübt, entwickelt und praktiziert werden? Die kontrollierten Heroin-Konsumenten sind das eindrückliche Beispiel eines praktizierten selbstbestimmten und -kontrollierten Konsums.

Es muß daher zusammenfassend festgestellt werden, daß die Frage, ob der legale Zugang zu Heroin eine hinreichende Voraussetzung für Heroin-Kultur sei und welche Attraktivität dieses Konsummuster auf Abhängige und Neueinsteiger ausüben würde, nicht abschließend beantwortet werden kann. Sicher dagegen ist, daß sich die unmittelbare Situation der Betroffenen - im Bezug auf ihren gesundheitlichen und sozialen Zustand - erheblich verbessern würde, und das auch unter den sie umgebenden, aktuell herrschenden gesellschaftlichen Bedingungen. D.h. eine 'andere Gesellschaft' ist nicht notwendige Voraussetzung einer Legalisierung, sondern eine Legalisierung - jenseits von Konsumverbot und Konsumgebot - verändert die gesellschaftlichen Voraussetzungen für alle Konsumenten und eröffnet die mögliche und durchaus realistische Perspektive einer Heroin-Kultur.

Resümee und Ausblick

Wir haben in Teil A. dieser Abhandlung festgestellt, daß die momentan herrschende bundesrepublikanische Drogen-Politik gescheitert ist. Die repressiv-prohibitionistische Drogen-Politik konnte weder die Abhängigen- und Konsumenten-Zahlen senken, noch den illegalen Drogen-Handel in ihrem Sinne positiv beeinflussen. Vielmehr wurde durch die prohibitionistische Strategie eine Situation geschaffen, die die soziale und gesundheitliche Verelendung der Konsumenten - und vor allem der Abhängigen unter ihnen - erst produziert. Gleichzeitig verhindert das Beharren auf dem pathologischen Modell und der Leidensdruck-Strategie die Entwicklung einer auf Freiwilligkeit basierenden Hilfe bzw. Motivation, diese Hilfe in Anspruch nehmen zu wollen und akzeptieren zu können. Vielmehr geschieht 'Behandlung' unter Zwang und in Unfreiheit, und dies sowohl in Maßregel- und Strafvollzugsanstalten als auch in den sog. Therapeutischen Wohngemeinschaften und anderen Langzeittherapien. Das Scheitern dieser Therapiepolitik wird durch erdrückend niedrige Erfolgsquoten unterstrichen.

Von dieser Situation ausgehend, sind Möglichkeiten untersucht worden, die die Repression teilweise oder ganz aus der Drogen-Politik eliminieren. Wir haben dabei festgestellt, daß Methadon- und Heroin-Programme einen repressionsvermindernden Fortschritt darstellen und zahlreiche positive Effekte bewirken können. Allerdings mußten wir erkennen, daß sich diese Verbesserungen, die sich vor allem mit einer sozialen und gesundheitlichen Stabilisierung sowie beruflicher Rehabilitation beschreiben lassen, ausschließlich für die Programm--Teilnehmer erreichen ließen und daß ein großer Teil von Konsumenten weiterhin den prohibitionistischen Bedingungen mit allen ihren Folgen ausgeliefert ist. Im Anschluß daran wurden Überlegungen angestellt, welche Formen von Entkriminalisierung alle Konsumenten gleichermaßen erreichen könnten und welche Auswirkungen diese Veränderungen haben würden. Hierbei konnten wir feststellen, daß auch diese Formen von Entkriminalisierung einen Teil der Repression aus der Konsumenten-Sphäre herausnehmen könnten, daß aber die Droge selbst in allen Fällen grundsätzlich illegal bleiben würde. Damit bliebe die Substanz weiterhin zum einen unbezahlbar im Rahmen eines 'normalen' und durchschnittlichen legalen Einkommens, zum anderen könnte die Droge in ihrer Qualität und Reinheit nicht eingeschätzt werden - Beschaffungsdruck, Kriminalisierung und Verelendung könnten nicht wesentlich vermindert werden.

Aufgrund der Halbherzigkeit dieser Entkriminalisierungsvorschläge diskutierten wir anschließend über die radikalste mögliche Veränderung der herrschenden Drogen-Politik: Die Legalisierung von bzw. den legalen Zugang zu Heroin. Wir konstatierten, daß ein legaler Zugang zu Heroin für alle die Situation der Betroffenen entscheidend verbessern könnte. Als kurzfristige Folge einer Legalisierung könnte die nahezu vollständige Eliminierung der sog. Beschaffungskriminalität sowie der sozialen und gesundheitlichen Verelendung erreicht werden und dies nicht nur für eine selektive Gruppe von Personen, sondern vielmehr für alle Heroin-Konsumenten gleichermaßen.

In diesem Zusammenhang wurden auch etwaige negative Folgen einer legalen Vergabe reflektiert, die sich in der Frage nach einer ansteigenden Abhängigen-Zahl zusammenfassen ließen. Wir haben erkannt, daß eine solche Prognose zum gegenwärtigen Zeitpunkt nicht zu leisten war, mit einem Seitenblick auf die Entwicklungen in den Niederlanden ließ sich allerdings vermuten, daß ein starkes Ansteigen der Abhängigen-Zahl eher unwahrscheinlich erscheint, gerade auch dann, wenn man Profit und Vermarktung verhindert. Zudem ist gezeigt worden, daß ein beschränkter Blick auf die quantitativen Veränderungen nicht ausreicht, um die nach einer Legalisierung entstehende Situation zu beurteilen, sondern daß auch die qualitativen Auswirkungen beachtet werden müssen.

Von dieser Perspektive aus konnten wir einerseits konstatieren, daß Abhängige nach einer Legalisierung unter gänzlich anderen Bedingungen abhängig wären, d.h. daß z.B. kein Beschaffungs- und Verfolgungsdruck mehr bestünde, daß vielmehr die Substanz z.B. in Apotheken zu einem finanzierbaren Preis und in guter Qualität zu erhalten sei. Zudem bestünde die Wahrscheinlichkeit, daß sich durch eine verbesserte - weil angst- und repressionsfreie - Kommunikationsstruktur der Umgang mit der Substanz verändern würde insofern, als sich die bereits bestehenden Gruppen der kontrollierten Heroin-Gebraucher aus ihrer Abschottung lösen und ihr Wissen über den relativ unproblematischen Umgang mit Heroin anderen Konsumenten (z.B. Abhängigen und Neueinsteigern) zur Verfügung stellen könnten. Das sich so ausweitende Konsummuster des kontrollierten Gebrauchs, das in seiner Struktur als Heroin-Kultur bezeichnet wurde, kann somit als die langfristige Perspektive und Hoffnung einer Legalisierung angesehen werden, die jenseits von Konsumverbot und Konsumgebot sowie jeglicher Profit-Möglichkeiten liegen sollte.

Als Grundthese dieser Abhandlung wurde zu Beginn konstatiert, in der Bundesrepublik bestünde zum gegenwärtigen Zeitpunkt kein Drogen-Problem, sondern vielmehr ein Drogen-Politik-Problem. Diese Annahme hat sich im Verlauf der hier vorliegenden Arbeit bestätigt.

Die hier vorgeschlagene Veränderung zur herrschenden Drogen-Politik, die weder durch Verbot noch durch Vermarktung geprägt ist und die deshalb jenseits dieser beiden Strategien der herrschenden Drogen-Politik liegt, gäbe den Gesellschaftsmitgliedern die Entscheidungskompetenzen über das Ob, Wie, Wann, Wo und Warum des Drogen- bzw. Heroin-Konsums zurück. Sie würde die Gesellschaft daher an den Punkt führen, an dem dann wirklich über *Drogen-Probleme* und deren Ursachen nachgedacht werden könnte, d.h. über Probleme, die der Einzelne, bestimmte Gruppen und/oder die Gesellschaft als Ganze mit der jeweiligen Droge haben. Eine solche Perspektive kann auch einen fruchtbaren Lernprozeß im bezug auf den Konsum heute legaler Drogen - besonders Alkohol, Nikotin, Medikamente - bedeuten, der zu einem nicht geringen Teil durch Vermarktung 'manipuliert' wird.

Allerdings stehen sowohl einer Legalisierung von Heroin bzw. anderen illegalen Drogen als auch einem vermarktungsfreien Umgang mit legalen Drogen etliche zumeist ökonomische Hindernisse entgegen, die in dieser Abhandlung lediglich angerissen werden konnten. So unterstreicht z.B. die propagierte Gefährlichkeit der illegalen die Harmlosigkeit der legalen Drogen, deren Konsum wiederum aus ökonomischen Gründen gefördert werden soll, denn immerhin sind die Einnahmen durch Drogen-Steuern erheblich und die Arbeitsplätze im

Produktions- und Werbebereich zahlreich[87].

Die Trennung in legale und illegale Drogen ermöglicht zudem eine "Zuckerbrot-und-Peitsche-Strategie" (Quensel 1985, S.109), die dem braven Bürger Bier, Nikotin und Pille, den 'Abweichenden' dagegen Heroin und andere illegale Drogen zuschreibt.

Überdies gibt es noch eine Gruppe quasi 'Natürlicher Feinde' einer Legalisierung. Zu diesen zählen alle diejenigen, die existentiell vom Drogenverbot leben, z.B. also die Bediensteten im Polizei- und Sanktionsbereich, in der Bürokratie und in der Wissenschaft. Aber auch die Angestellten von halbstaatlich und staatlich finanzierten Therapie-, Beratungs- und Heilungs-Institutionen wären hier zu nennen. Diese kaum zählbare Gruppe von Personen sieht, teils begründet teils unbegründet, ihre ökonomische Basis gefährdet und wird wohl kaum die gemeinsame Linie staatserhaltender Drogen-Politik preisgeben, so zerstritten die einzelnen Gruppen untereinander auch sind (vgl. Quensel 1989, S.37 sowie 1985, S.109/110).

Denkt man nun auch noch an die Rolle von illegalen Drogen, die diese bei der Finanzierung von Kriegen spielen, an die Drogengeschäfte von verschiedenen Geheimdiensten zur Geldbeschaffung oder an die Verwischung der Grenzen zwischen legalen und illegalen Wirtschaftsaktivitäten, dann wird deutlich, wie wichtig die Illegalität, der damit verbundene hohe Preis der Droge und letztlich auch die gesundheitliche und soziale Verelendung von Heroinkonsumenten sind.

Vor dem Hintergrund dieser Vielzahl von - hier nur in Andeutungen skizzierten - Interessen in der herrschenden Drogen-Politik wird die politische und gesellschaftliche Durchsetzung einer Legalisierung, die weder Konsumgebot noch Konsumverbot sein soll und die für Konsumenten und Gesellschaft unbedingt erforderlich wäre, relativ

---

[87]Allein für die Werbung für alkoholische Getränke in den Medien wurden 1987 ca. 600.000.000 DM ausgegeben, für Tabak ca. 220.000.000 DM und für Pharmazeutika ca. 435.000.000 DM (vgl. Jahrbuch 1989, S.159-163). Die Steuereinnahme für alkoholische Getränke und Tabakwaren betrugen 1987 insgesamt 20.587.095.000 DM (vgl. Ziegler, S.144).

unwahrscheinlich.

Die Frage, die damit offen bleibt, ist die, ob und wie diese Interessenkonstellation aufgebrochen werden kann, um den Weg dafür zu öffnen, den selbstbestimmten Umgang mit Heroin und auch allen anderen Drogen wenigstens einmal auszuprobieren.

Abkürzungsverzeichnis

BKA	Bundeskriminalamt
BtmG	Betäubungsmittelgesetz
D.A.H.	Deutsche AIDS-Hilfe
HMP	Heroin-Maintenance-Programm
HP	Heroin-Programm
JGG	Jugendgerichtsgesetz
MAGS/NRW	Ministerium für Arbeit, Gesundheit und Soziales in Nordrhein-Westfalen
MP	Methadon-Programm
OWiG	Ordnungswidrigkeitengesetz
StGB	Strafgesetzbuch
StPO	Strafprozeßordnung

Literaturverzeichnis

Aidsforum D.A.H. (1988): *Aids und Drogen*, Bd.1, Berlin
Amendt, Günter (1984): *Sucht - Profit - Sucht*, Frankfurt/M
Amendt, Günter (1987): *Der große weiße Bluff. Die Drogenpolitik in der USA. Eine Reportage*, Hamburg
Amendt, Günter (1989): Drogenfront. In: *Konkret 7/89*, S.18-21
Anwari-Alhosseyni, Schams (1982): Haschisch und Opium im Iran. In: Völger/Welck a.a.O., Bd.2, S.822-833
Arlacchi, Pino (1989): *Mafiose Ethik und der Geist des Kapitalismus. Die unternehmerische Mafia*, Frankfurt/M.
Ärztekammer Berlin (1987): Ärzte gegen Methadon. Stellungnahme des Vorstandes der Ärztekammer Berlin vom 7. Sept. 1987. In: *Suchtreport 1/88*, S.26/27
Austin, Greogory (1982): Die europäische Drogenkrise des 16. und 17. Jahrhunderts. In: Völger/Welck a.a.O., Bd.1, S.115-132
Bakalar, James B./Grinspoon, Lester (1984): *Drug control in an free society*, Cambridge
Barth, Ariane (1989): Menschenrecht auf Drogen? In: *Spiegel Spezial 1/1989: Geißel Rauschgift*, Hamburg
Becker, Bernd (1982): Maßregelvollzug für Drogenabhängige. In: Heckmann (1982a) a.a.O., S.189-211
Becker, Howard S. (1981): *Außenseiter. Zur Soziologie abweichenden Verhaltens*, Frankfurt/M.
Becker, Howard S. (1983): Die soziale Definition des Drogenkonsums und der drogenbewirkten Erfahrungen. In: Lettieri/Welz a.a.O., S.193-202
Becker, Sophinette u.a. (1988): Aids-Prävention bei intravenös Drogenabhängigen. In: *VOR-SICHT 4/88*, S.6-8
Behr, Hans-Georg (1984): *Weltmacht Droge. Das Geschäft mit der Sucht*. Aktualisierte Neubearbeitung, Wien und Düsseldorf
Behr, Hans-Georg/Juhnke, Andreas u.a. (1985): *Drogenpolitik in der BRD*, Reinbek
Berger, Herbert/Reunband, Karl-Heinz/Widlitzek, Ulrike (1980): *Wege in die Heroinabhängigkeit. Zur Entwicklung abweichender Karrieren*, München

Berger, Herbert (1982): Fixersein als Lebensstil. In: Völger/Welck a.a.O., Bd.3, S.1207-1216

Bianchi, Herman (1974): Das Tsedeka-Modell als Alternative zum konventionellen Strafrecht. In: *Zeitschrift für Evangelische Ethik 18/1974*, S.89-110

Blumer, Herbert (1976): Der methodologische Standort des symbolischen Interaktionismus. In: Arbeitsgruppe Bielefelder Soziologen (Hrg.): *Alltagswissen, Interaktion und gesellschaftliche Wirklichkeit, Bd.1*, Reinbek, S.80-146

Boge, Heinrich (1988): Drogen freigeben? Kontra. In: *Stern 45/1988*, S.33-35 (abgedruckt auch bei Thamm 1989 a.a.O., S.341)

Böllinger, Lorenz (1987): *Drogenrecht, Drogentherapie. Ein Leitfaden für Drogenberater, Drogenbenutzer, Ärzte, Juristen*, Frankfurt/M

Bossong, Horst/Marzahn, Christian/Scheerer, Sebastian (Hrg.) (1983): *Sucht und Ordnung. Drogenpolitik für Helfer und Betroffene*, Frankfurt/M.

Bossong, Horst (1983): Kaum ein Hauch von Hilfe. Zur Reichweite und Effizienz der Drogenhilfen. In: Bossong u.a., a.a.O., S.28-38

Bossong, Horst/Pyttlik, Thorsten/Schaaber, Eva (1983): Freiheit statt Therapie. Über den Versuch des niederländischen Junkie-Bond als drogenpolitische Alternative. In: Bossong u.a., a.a.O., S.142-150

Busch, Heiner u.a. (1985): *Die Polizei in der Bundesrepublik*, Frankfurt/M. und New York

Brusten, Manfred (1988a): Entkriminalisierung. In: Fuchs u.a., a.a.O., S.191

Brusten, Manfred (1988b): Kriminalisierung. In: Fuchs u.a., a.a.O., S.433

Bülow, Albrecht von (1989a): Entkriminalisierung des Heroinkonsums. In *VOR-SICHT 2/89*, S.14/15

Bülow, Albrecht von (1989b): Kontrollierter Heroingenuß - eine bisher kaum bekannte Konsumvariante. In: *Kriminologisches Journal 2/89*, S.118-125

Christie, Nils (1986): *Grenzen des Leids*, Bielefeld

Dammann, Burkhard/Scheerer, Sebastian (1985): Menschenwürde in der Drogentherapie. In: *Psychologie & Gesellschaftskritik 3/1985*, S.77-94

Direktion des Gesundheitswesens des Kantons Zürich (1987): *Richtlinien zur Behandlung Betäubungsmittelabhängiger mit Methadon* (vom 9. Juni 1987), Zürich

Dutoit, Brian M. (1982): Cannabis in Afrika. In: Völger/Welck a.a.O., Bd.2, S.872-898

Drogenberatung - Wo? (1984): Hrg. v. Bundesministerium für Jugend, Familie und Gesundheit, 5. überarb. Aufl., Bonn

Dünkel, Frieder (1982): Strafrechtliche Drogengesetzgebung im internationalen Vergleich. In: Völger/Welck a.a.O., Bd.3, S.1179-1199

Dupont, R.L./Goldstein, A./O'Donell, J. (1979): *Handbook on drug abuse*, Washington

Dürkop, Marlies/Hardtmann, Gertrud (Hrg.) (1978): *Frauen im Gefängnis*, Frankfurt/M.

Fuchs, Werner u.a. (Hrg.) (1988): *Lexikon zur Soziologie*. 2. verbesserte und erweiterte Aufl., ungekürzte Sonderausgabe, Darmstadt

Furst, Peter T. (1982): Peyote und die Huichol-Indianer in Mexiko. In: Völger/Welck a.a.O., Bd.2, S.801-815

Gekeler, Rudolf (1982): "Ich habs allein geschafft." In: *Psychologie Heute* a.a.O., S.145-156

Gelpke, Rudolf (1982): *Vom Rausch im Orient und Okzident*, Frankfurt/M, Berlin und Wien

Ghodse, A.H. (1987): Klinische Erfahrungen mit Methadon in London. In: MAGS/NRW (1987b) a.a.O., S.212-217

Goffman, Erving (1973): *Asyle. Über die soziale Situation psychiatrischer Patienten und anderen Insassen*, Frankfut/M.

Graalmann, Kirsten (1981): Von der Drogenszene in die Knastszene. Drogentherapie im Strafvollzug. In: Ortner (1981) a.a.O., S.85-105

Graalmann, Kirsten (1982): *Die Rückfälligkeit von Drogenstraftätern. Eine Untersuchung zur Entwicklung krimineller Karrieren*, Weinheim und Basel

Grimm, Gorm (1985): *Die Lösung des Drogenproblems. Fakten statt Dogmen! Wissenschaftlich gesicherte Antworten zu Fragen der Abstinenz- und Medikamentenbehandlung der Drogensucht*, Altenholz

Harding, Wayne M. u.a. (1980): Formerly-Addict-Now-Controlled Opiat Users. In: *The International Journal of the Addiction 15/1980*, S.47-60

Harding, Wayne M. (1982): Kontrollierter Heroingenuß - ein Widerspruch aus der Subkultur gegenüber herkömmlichem kulturellem Denken. In: Völger/Welck a.a.O., Bd.3, S.1217-1231

Hartnoll, R.L. u.a. (1980): Evaluation of Heroin Maintanace in Controlled Trial. In: *Archiv of General Psychiatry 1980*, S.877-884

Hartwig, Karl-Hans/Pies, Ingo (1989): Drogen vom Staat. Plädoyer für eine ökonomisch fundierte Politik. In: *DIE ZEIT* vom 3.3.1989, S.95

Heck, Dietrich (o.J.): Ortsamt Bremen Mitte/östliche Vorstadt. *Positionspapier zur Problematik des Drogenmißbrauchs - speziell Heroin - und der Wiederaufnahme der Diskussion um Methadon*, Bremen

Heckmann, Wolfgang (1979): Wenn der Dealer einen weißen Kittel trägt. In: *Psychologie Heute 3/79*, S.40-44

Heckmann, Wolfgang (Hrg.) (1982a): *Praxis der Drogentherapie. Von der Selbsthilfe zum Verbundsystem*, Weinheim und Basel

Heckmann, Wolfgang (1982b): Zur Einführung in eine mystifiziertes Gebiet sozialer Arbeit: Drogentherapie - Erfahrungen, Hoffnungen, Enttäuschungen. In: Heckmann (1982a) a.a.O., S.7-32

Heckmann, Wolfgang (1982c): Glossar zu Therapiebegriffen in der Drogenarbeit. In: Heckmann (1982a) a.a.O., S.239-270

Heckmann, Wolfgang (1985): A propos Ersatzdrogen. In: *Suchtgefahren 1a/1985*, S.128-131

Herwig-Lemp, Johannes/Stöver, Heino (1989): Grundlagen akzeptierender Drogenarbeit. In: *Wiener Zeitschrift für Suchtforschung 2-3/1989*, S.51-64

Hess, Henner (1989): Schattenwirtschaft & Abenteuerkapitalismus. Über den illegalen Drogenhandel, die Chancen und Kosten der Prohibition und die Vorteile einer alternativen Drogenpolitik. In: *Neue Kriminalpolitik 2/89*, S.24-29

Hippel, Eike von (1988): Drogen- und Aids-Bekämpfung durch Methadon-Programme. In: *Zeitschrift für Rechtspolitik 8/88*, S.289-293

Huber, Barbara (1982): Drogengebrauch und Strafverfolgung in Großbritannien. In: Völger/Welck a.a.O., Bd.3, S.1155-1165

Inowlocki/Lena/Mai, Jacquline (1980): "... daß das aber alles allein, von uns alleine und nicht von irgend jemandem, der hinter uns steht und sagt: du mußt." Ein Gespräch über widersprüchliche Erfahrungen, im Knast clean zu werden. In: *Kriminologisches Journal 4/1980*, S.271-282

Jahrbuch 1989 zur Frage der Suchtgefahren (1988): Hrg. Deutsche Hauptstelle gegen die Suchtgefahren, Hamburg

Jenner, Michael (1983): *Jemen. Neu entdeckt*, London und New York

Johnson, Bruce D. (1982): Die englische und amerikanische Opiumpolitik im 19. und 20. Jahrhundert - Konflikte, Unterschiede und Gemeinsamkeiten. In: Völger/Welck a.a.O., Bd.3, S.1143-1154

Josuttis, Manfred (1982): Unbeholfene Überlegungen zu einer alternativen Drogenpolitik. In: Völger/Welck a.a.O., Bd.3, S.1284-1292

Kaiser, Günther u.a. (Hrg.) (1985): *Kleines Kriminologisches Wörterbuch*. 2. völlig neuüberarb. und erweiterte Aufl., Heidelberg

Kaplan, John (1985): *The Hardes Drug. Heroin an Public Policy*, Chicago and London

Kappel, Sibylle (1980): Aspekte der Entwicklung des 'Britischen Systems' der Behandlung Opiatabhängiger. In: *Wiener Zeitschrift für Suchtforschung* 3/80, S.33-35

Kappel, Sybille/Scheerer, Sebastian (1980): Das Fiasko der deutschen Drogenpolitik. In: *Kriminologisches Journal* 1/80, S.46-57

Kapuste, Hannes (1978): "Münchner Freiheit". In: *Psychologie Heute* 9/78, S.60-66

Kaufungen, Mattias (1983): Es werden Junkie-Bünde gegründet. Zur Perspektive einer Fixergewerkschaft. In: *Kriminologisches Journal* 4/83, S.298-303

Kemper, Heribert (1980): Zur kriminalitätsreduzierenden Wirkung der Methadon-Behandlungs-Programme. In: *Kriminologisches Journal* 1/80, S.59-68

Kennedy, John G. (1982): Erkenntnisse der medizinischen Qat-Forschung. In: Völger/Welck a.a.O., Bd.2, S.861-871

Kerner, Hans-Jürgen (1985a): Rauschgift, Rauschgiftkriminalität. In: Kaiser u.a., a.a.O., S.346-351

Kerner, Hans-Jürgen (1985b): Kriminalstatistik. In: Kaiser u.a., a.a.O., S.260-267

Kielholz, Paul/Ladewig, D. (1972): *Die Drogenabhängigkeit des modernen Menschen*, München

Kielholz, Paul/Ladewig, D. (1973): *Die Abhängigkeit von Drogen*, München

Kindermann, Walter (1979): Behandlung Drogenabhängiger im Justizvollzug. In: *Monatszeitschrift für Kriminologie und Strafrechtsreform* 1979, S.218-227

Kohl, Beate/Scheerer, Sebastian (1989): *Zur Entkriminalisierung der gewaltlosen Eigentums- und Vermögensdelikte*, Aachen

Kreuzer, Arthur (1982): Drogenpolitik und strafrechtliche Drogenkontrolle in der Bundesrepublik Deutschland. In: Völger/Welck a.a.O., Bd.3, S.1166-1178

Kreuzer, Arthur (1985a): Wenn der Spitzel lockt. In: Lüderssen a.a.O., S.55-58

Kreuzer, Arthur (1985b): Zeuge im Zwielicht. Jugendliche als Lockspitzel - wie lange noch? In: Lüderssen a.a.O., S.59-61

Kühne, Hans-Heiner (1984): Therapie statt Strafe? Legislatorische Versuche zur Bekämpfung von Drogenabhängigkeit. In: *Monatsschrift für Kriminologie und Strafrechtsreform 1984*, S.379-388

La Barre, Weston (1982): Peyotegebrauch bei nordamerikanischen Indianern. In: Völger/Welck a.a.O., Bd.2, S.816-820

Legnaro, Aldo (1982): Ansätze zu einer Soziologie des Rausches - zur Sozialgeschichte von Rausch und Ekstase in Europa. In: Völger/Welck a.a.O., Bd.1, S.93-114

Lettieri, Dan J./Welz, Rainer (Hrg.) (1983): *Drogenabhängigkeit - Ursachen und Verlaufsformen. Ein Handbuch*, Weinheim und Basel

Leu, Daniel (1984): *Drogen - Sucht oder Genuß*. 3. überarb. Aufl., Basel

Levine, Harry Gene (1982): Mäßigkeitsbewegung und Prohibition in den USA. In: Völger/Welck a.a.O., Bd.1, S.241-251

Lüderssen, Klaus (Hrg.) (1985): *V-Leute. Die Falle im Rechtsstaat*, Frankfurt/M

MAGS/NRW (Hrg.) (1985): *Therapie und Rehabilition bei Drogenkonsumenten. Langzeitstudie am Beispiel des 'Hammer Modells'*, Düsseldorf

MAGS/NRW (1987a): *Wissenschaftliches Erprobungsvorhaben zur medikamentengestützten Rehabilitation bei i.v. Opiatabhängigen. Abschließender Sachbestandsbericht*, Düsseldorf (16.11.1987)

MAGS/NRW (1987b): *Medikamentengestützte Rehabilitation bei Drogenabhängigen. Möglichkeiten und Grenzen*, Paderborn

Marzahn, Christian (1983a): Plädoyer für eine gemeine Drogenkultur. In: Beck, Johannes u.a.: *Das Recht auf Ungezogenheit*, Reinbek, S.105-134

Marzahn, Christian (1983b): Zur Möglichkeit der Selbsthilfe von Drogenabhängigen. In: Bossong u.a., a.a.O., S.118-125

Mathiesen, Thomas (1979): *Überwindet die Mauern*, Neuwied und Darmstadt

McCoy, Alfred W. (1982): Heroin aus Südostasien - Zur Wirtschaftsgeschichte eines ungewöhnlichen Handelsartikels. In: Völger/Welck a.a.O., Bd.3, S.1077-1094

Melchinger, Heiner (1986): *Wissenschaftliche Begleitung der Fachklinik Brauel. Zwischenbericht. Untersuchungen zur Evaluation der Rehabilitationsbehandlung*, Hannover

Moser-Schmidt, Erika (1982): Soziokultureller Gebrauch von Cannabis in Indien. In: Völger/Welck a.a.O., Bd.2, S.933-940

Müller, Rolf/Schuller, Klaus/Tschesche, Andrea (1983): "Freie Therapie" als totale Institution. In: Bossong u.a., a.a.O., S.59-70

Nauke, Wolfgang (1984): Über deklaratorische, scheinbare und wirkliche Entkriminalisierung. In: *Goltdammers Archiv für Strafrecht 1984*, S.199-217

Nebel, Bettina/Schmidt-Semisch, Henning/Henke, Uwe (1989): "Mit 14 nahm Uwe Haschisch - mit 30 kam er im Leichwagen nach Hause." Eine Inhaltsanalyse der Drogenberichterstattung in der Hamburgischen Boulevardpresse. Unveröff. Abschlußbericht zum empirischen Praktikum: Lebensstil als Gegenstand empirischer Sozialforschung, Hamburg

Noller, Peter/Reinicke, Helmut (1987): *Heroinszene. Selbst- und Fremddefinitionen einer Subkultur*, Frankfurt/M.

Ortner, Helmut (Hrg.) (1981): *Freiheit statt Strafe. Plädoyers für die Abschaffung der Gefängnisse*, Frankfurt/M.

Ortner, Helmut (1983): *Hinter Schloß und Riegel. Szenen aus dem Knast*, Frankfurt/M.

Ortner, Helmut (1988): *Gefängnis. Eine Einführung in seine Innenwelt. Geschichte - Alltag - Alternativen*, Weinheim und Basel

Pfeiffer, Christian (1987): "Und wenn es künftig weniger werden - Die Herausforderung der geburtenschwachen Jahrgänge", Eröffnungsreferat Teil I. In: Deutsche Vereinigung für Jugendgerichte und Jugendgerichtshilfen e.V. (Hrg.): *Und wenn es künftig weniger werden - Die Herausforderung der geburtenschwachen Jahrgänge*, München

Pilgram, Arno/Steinert, Heinz (1981): Plädoyer für bessere Gründe für die Abschaffung der Gefängnisse und für Besseres als die Abschaffung der Gefängnisse. In: Ortner (1981) a.a.O., S.133-154

Platt, Jerome/Labate, Christina (1982): *Heroinsucht. Theorie, Forschung, Behandlung*, Darmstadt

Pommerehne, Werner W./Hartmann, Hans C. (1980): Ein ökonomischer Ansatz zur Rauschgiftkontrolle. In: *Jahrbuch für Sozialwissenschaft*, Bd.31/1980, S.102-143

Projektgruppe TUdrop (1984): *Heroinabhängigkeit unbetreuter Jugendlicher*. Hrg.v. Wolfgang Heckmann, Weinheim und Basel

Psychologie Heute (Hrg.) (1988): *Thema: Sucht. Die tägliche Versuchung*, Weinheim und Basel

Quensel, Stefan (1980): Unsere Einstellung zu Drogen. In: *Kriminologisches Journal 1/1980*, S.1-16

Quensel, Stefan (1982): *Drogenelend. Cannabis, Heroin, Methadon: Für eine neue Drogenpolitik*, Frankfurt/M und New York

Quensel, Stefan (1985): *Mit Drogen leben. Erlaubtes und Verbotenes*, Frankfurt/M und New York

Quensel, Stefan (1989): Methadon - Nicht Lösung, aber eine Chance. In: *Neue Kriminalpolitik 2/89*, S.36-39

Redfield, Robert (1941): *The Folk Culture of Jukatan*, Chicago

Reeg, Axel R. (1989): Strafrecht in der Drogenpolitik. Was hilft - more of the same oder ein radikales Umdenken? In: *Neue Kriminalpolitik 2/89*, S.30-35

Reuband, Karl-Heinz (1982): Rauschmittelkonsum in der Bundesrepublik Deutschland. In: Völger/Welck a.a.O., Bd.3, S.1040-1051

Reuband, Karl-Heinz (1988): Drogenstatistik 1987. Neue Trends und Problemlagen. Die Situation des Drogengebrauchs in der zweiten Hälfte der 80er Jahre. In: Jahrbuch 1989 a.a.O., S.41-103

Rösinger, C. (1988): *Vortrag Methadon*. Vortrag im Rahmen der Pflegepersonal-Fortbildung in Essen am 4.5.1988

Schaaber, Eva (1983): Niedersächsisches Landeskrankenhaus Brauel. In: Bossong u.a., a.a.O., S.71-76

Scheerer, Sebastian (1982a): *Die Genese der Betäubungsmittelgesetze in der Bundesrepublik Deutschland und in den Niederlanden*, Göttingen

Scheerer, Sebastian (1982b): Freiheit und Kontrolle im neuen Betäubungsmittelgesetz. In: *Kritische Justiz 3/82*, S.229-247

Scheerer, Sebastian (1984): Die abolistische Perspektive. In: *Kriminologisches Journal 2/84*, S.90-111

Scheerer, Sebastian (1985a): Methadon- und Heroinprogramme in der Strategie der Entkriminalisierung. In: Behr/Juhnke a.a.O., S.240-249

Scheerer, Sebastian (1985b): Mit dem Rücken an der Wand. In: *Psychologie & Gesellschaftskritik 3/85*, S.35-49

Scheerer, Sebastian (1986a): Autonomer Drogengebrauch statt Strafjustiz. In: Ortner, Helmut: *Freiheit statt Strafe. Plädoyers für die Abschaffung der Gefängnisse*. 2. erweiterte Aufl., Tübingen, S.110-119

Scheerer, Sebastian (1986b): Drogen und Strafrecht. In: *Criminal Law in Action 1986*, S.199-213

Scheffer, Karl-Georg (1982): Coca in Südamerika. In: Völger/Welck a.a.O., Bd.2, S.754-769

Schlender, Jörg U./Kaplan, Charles D. (1980): Die veränderte Heroinszene: Wissenschaftliches Konzept und resultierende politische Konsequenzen. In: *Kriminologisches Journal 1/80*, S.35-45

Schlender, Jörg U. (1982): Sozialtherapie im Strafvollzug. In: Heckmann 1982a a.a.O., S.227-237

Schmidtbauer, Wolfgang/Scheidt, Jürgen vom (1987): *Handbuch der Rauschdrogen*. Erweiterte Neuaufl., Frankfurt/M.

Schmitz, Rudolf (1982): Opium als Heilmittel. In: Völger/Welck a.a.O., Bd.2, S.650-661

Schneider, Lothar (1982): Drogenarbeit zwischen Profession und Selbsthilfe. In: Heckmann (1982a) a.a.O., S.141-162

Schönhofer, Peter S. (1985): Pharmakologische Aspekte der Methadonbehandlung. In: *Suchtgefahren 1a/85*, S.101-103

Schönhofer, Peter S. (1987): Nutzen und Risiken einer Methadonbehandlung. In: MAGS/NRW 1987b a.a.O., S.48-55

Schopen, Armin (1982): Qat im Jemen. In: Völger/Welck a.a.O., Bd.2, S.850-860

Schuller, Klaus/Stöver, Heino (1988): Bremer Drogenarbeit. Aids, Automaten und Akzeptanz. In: *Suchtreport 4/88*, S.2-15

Seefelder, Matthias (1987): *Opium. Eine Kulturgeschichte*, Frankfurt/M

Sellin, Thorsten (1979): Die Bedeutung von Kriminalstatistiken. In: Sack, Fritz/König, Rene (Hrg.): *Kriminalsoziologie*. 3. unveränderte Aufl., Wiesbaden, S.41-59

Seyfarth, Siegfried (1982): Betelkauen in Melanesien. In: Völger/Welck a.a.O., Bd.2, S.969-982

Sickinger, Richard (1983): Methadon - Hilfe zur Aufhebung der Unterdrückung der Opiatabhängigen? In: *Kriminologisches Journal* 4/83, S.284-297

Singhartinger, Johann (1987): *Aids als Anlaß - Kontrolle als Konzept. Entwicklungen am Beispiel Strafvollzug*, München

Smaus, Gerlindea (1978): Funktion der Berichterstattung über Kriminalität in den Massenmedien. In: *Kriminologisches Journal* 3/78, S.187-201

Soltau, Roswitha (1982): Das Motivierungskonzept im Strafvollzug. In: Heckmann 1982a a.a.O., S.213-226

Staiber, Jörg (1978): *Kriminalpolitik und Strafvollzug*, Berlin

Staufenbiel, Gerhard (1982): Die Teezeremonie in Japan. In: Völger/Welck a.a.O., Bd.2, S.1012-1023

Stein-Hilbers, Marlene (1980): Was passiert mit Fixern? Strategien der Drogenpolitik. In: *Kriminologisches Journal* 1/80, S.17-34

Stein-Hilbers, Marlene (1985): Selbstreflexive Ansätze in der Drogenforschung. In: *Psychologie & Gesellschaftskritik* 3/85, S.95-107

Stoeckert, A./Middendorf, W. u.a. (1977): Psychosoziale Entwicklung von Opiatabhängigen. In: *Psychiatrische Praxis* 4/1977, S.160-186

Stöhr, Waldemar (1982): Betel in Südost- und Südasien. In: Völger/Welck a.a.O., Bd.2, S.952-968

Stöver, Heino (1988): Legalize Heroin? In: *VOR-SICHT 9/88*, S.6

Szasz, Thomas (1978): *Das Ritual der Drogen*, Wien

Szasz, Thomas (1982): Der Krieg gegen Drogen. In: Völger/Welck a.a.O., Bd.3, S.1335-1347

Täschner, Karl-Ludwig (1979): Sucht als Krankheit. In: *Expertenbrief Drogen 2/1979*

Täschner, Karl-Ludwig (1982): Drogenkonsum - Stand der Forschung aus medizinischer Sicht. In: Völger/Welck a.a.O., Bd.3, S.1426-1436

Täschner, Karl-Ludwig (1988): Methadon für Opiatsüchtige - zum Stand der Diskussion. Sonderdruck des Informationskreises Drogenprobleme e.V., Sp.1-6, Aus: Ärzteblatt Baden-Württemberg 6/88

Thamm, Berndt-Georg (1988): Drogen freigeben? Pro. In: *Stern 45/-1988*, S.32-33 (abgedruckt auch bei Thamm 1989 a.a.O., S.340)

Thamm, Berndt-Georg (1989): *Drogenfreigabe - Kapitulation oder Ausweg?* Hilden/Rhld.

Trautmann, Franz (1989): Akzeptierende Drogenarbeit in Amsterdam - Wie fortschrittlich ist die niederländische Drogenpolitik heute? In: *Kriminologisches Journal* 2/1989, S.126-135

Villmow, Bernhard (1985): Gastarbeiterkriminalität. In: Kaiser u.a., a.a.O., S.127-132

Völger, Gisela/Welck, Karin (Hrg.) (1982): *Rausch und Realität. Drogen im Kulturvergleich.* 3 Bde., Reinbek

Vormann, Gernot (1982): Klinischer Entzug als erste Stufe der Therapie. In: Heckmann 1982a, a.a.O., S.77-88

Ziegler, Herbert (1988): Alkoholkonsum 1987. In: Jahrbuch 1989 a.a.O., S.139-147

Zinberg, Norman E. u.a. (1978): Patterns of Heroin Use. In: *Annals of the New York Academy of Science* 311/1978, S.10-24

Zinberg, Norman E. (1979): Nonaddictive Opiate Use. In: DuPont u.a., a.a.O., S.303-313

Zinberg, Norman E. (1983): Soziale Kontrollmechanismen und soziales Lernen im Umfeld des Rauschmittelkonsums. In: Lettieri/Welz, a.a.O., S.256-266

AG SPAK - BÜCHER

Wiebke Willms

FLIEGEN INS BLAU

Erfahrungen zwischen Kunst und Therapie
ISBN 3-923 126-52-2
mit 52 Abb.
256 Seiten   DM 30,-

Künstlerisch arbeitende Initiativen im Umfeld der reformierten Psychiatrie gibt es heute viele in Italien. Sie formieren sich parallel zur Kritik der Therapie und der Öffnung der Anstalten. Das Buch FLIEGEN INS BLAU dokumentiert die Geschichte der psychiatrischen Anstalt in Triest und stellt in einem ausführlichen Bildteil Arbeiten von ehemaligen Anstaltinsassen vor. Diese bildnerischen Ergebnisse werden von der Autorin kommentiert und in Zusammenhang mit der bisherigen Rezeption des psychopathologischen Ausdrucks gestellt.

Die Stärke von Wiebke Willms Interpretation der Triester Arbeiten liegt gerade darin, daß sie zwar deren doppelte Differenz - sowohl zur Kunst als auch zum psychopathologischen Ausdruck - behauptet, hierin aber keine neue positive Kategorie aufstellt. Würde damit doch etwas festgeschrieben, was nicht festschreibbar ist, sondern Ausdruck einer singulären Leiderfahrung, wie sie in der Langeweile der (geöffneten) Anstalt entsteht. Und die Langweile ist ja bekanntlich der "Traumvogel, der das Ei der Erfahrung ausbrütet", um dann ins Blau zu fliegen.
(TAZ)

AG SPAK - Bücher Adlzreiterstraße 23 8000 München 2
fordern Sie unser Gesamtverzeichnis an!

DR. MED. Mabuse

Zeitschrift im Gesundheitswesen

Aktuelle Gesundheitspolitik, Medizingeschichte, Krankenpflege, Internationales, Gewerkschaftspolitik, Alternativmedizin, Medizin in der Dritten Welt & Psychiatrie & vieles andere mehr.

Persönliches und Informatives über Tagungen, Bücher, Initiativen. Umfangreicher Kleinanzeigen- und Stellenmarkt.

Sechsmal pro Jahr für je 6 DM in allen besseren Buchläden und für nur 36 DM im Jahresabonnement.

Kostenloses Probeheft **und Gesamtverzeichnis unserer Bücher gefällig?**

Mabuse, Postfach 11 06 42, 6000 Frankfurt 1 ☎ 069/7 38 17 24